Herramientas de privacidad en la era de la IA: Estrategias prácticas con VPN, DNS seguro, retransmisión privada y defensas basadas en IA

ISBN 978-1970482065

Aunque el autor ha hecho todo lo posible para garantizar que la información contenida en este libro fuera correcta en el momento de la impresión, el autor no asume y por la presente renuncia a cualquier responsabilidad ante cualquier parte por cualquier pérdida, daño o interrupción causada por errores u omisiones, ya sea que dichos errores u omisiones sean resultado de negligencia, accidente o cualquier otra causa.

Tabla de Contenido

1 Introducción

La privacidad y la seguridad en línea nunca han sido tan importantes en la era de la inteligencia artificial (IA). En el mundo interconectado actual, muchos aspectos de nuestra vida digital —hábitos de navegación, ubicación, información del dispositivo e incluso datos personales— pueden ser rastreados o explotados. Este libro ofrece **una guía práctica y completa** para proteger tu privacidad con herramientas modernas. Abarcamos todo, desde las VPN y el DNS cifrado hasta el refuerzo del navegador y las funciones más recientes de las plataformas (como Retransmisión privada de iCloud y la privacidad en la IA). A lo largo del libro, incluimos tutoriales paso a paso, tablas comparativas y ejemplos de código para configuraciones GUI y CLI en Windows, macOS, Linux, Android e iOS. Al finalizar, tendrás una comprensión profunda de cómo crear una sólida "infraestructura" de privacidad y los conocimientos necesarios para configurarla.

Por qué importa la privacidad digital: Cada vez que te conectas a Internet, tu dispositivo se comunica con servidores de todo el mundo: cada consulta web, inicio de sesión o descarga deja un rastro. Los proveedores de servicios de Internet (ISP), los sitios web, las redes publicitarias e incluso actores maliciosos pueden registrar esta actividad. Una consulta DNS estándar, por ejemplo, puede revelar todos los sitios que visitas (direcciones IP y nombres de host). Sin protección, tu historial de navegación puede registrarse, analizarse o venderse. En algunas regiones, los ISP están obligados por ley a conservar registros de la actividad de los usuarios. Incluso en conexiones cifradas seguras, metadatos como la IP de destino y el nombre de host pueden filtrar información. Nuestro objetivo es **limitar la información expuesta**. Utilizamos cifrado (VPN, TLS, DNS cifrado) para ocultar el tráfico, herramientas de anonimización (p. ej., Tor) para ocultar la identidad y configuraciones del dispositivo y del navegador para minimizar el seguimiento. Este enfoque de defensa en profundidad asume que ninguna herramienta es perfecta, pero juntas mejoran considerablemente tu privacidad.

Modelo de amenazas y principios: ¿Quién podría estar observándote? Podría ser tu ISP, grandes empresas tecnológicas, gobiernos o hackers. Cada uno puede tener capacidades distintas (monitoreo pasivo, interferencia activa, fuerte autoridad legal, etcétera). Asumimos el peor de los casos: que los atacantes podrían interceptar tu tráfico de Internet o ejecutar servidores DNS. También asumimos que confías en algunos proveedores (como Cloudflare o Apple) solo hasta cierto punto. Los principios clave incluyen *cifrar todo el tráfico sensible, evitar el registro, minimizar la recopilación de datos y separar la identidad de la actividad*. Por ejemplo, una VPN puede ocultar tu IP a los sitios web, pero debes confiar en que el proveedor de la VPN no registre tu uso. Retransmisión privada de iCloud intenta dividir la confianza utilizando dos relés, de modo que ninguna entidad conozca al mismo tiempo quién eres y dónde estás navegando. Veremos muchos intercambios de este tipo.

A lo largo de este libro, utilizamos un formato paso a paso. Los términos importantes se introducen en contexto. La configuración y los ejemplos de código se indican con bloques de código, y las tablas comparativas ayudan a resumir las opciones. En el Capítulo 2, comenzaremos con los fundamentos de la privacidad de red y las amenazas.

2 Fundamentos de la privacidad de red y las amenazas

La privacidad comienza por comprender qué datos envía tu dispositivo y qué se puede observar o registrar. Cada solicitud de Internet implica consultas DNS, conexiones a direcciones IP y el envío de paquetes que incluyen metadatos sin cifrar.

- **DNS y visibilidad:** Normalmente, cuando escribes una dirección de Internet, tu dispositivo envía una consulta DNS (a menudo en texto plano) a un resolvedor (normalmente tu ISP o un DNS público). *Esto revela los nombres de dominio exactos que visitas*, que un observador puede registrar. Sin protección, un espía de red ve todas las consultas de dominio y las conexiones IP de tu dispositivo.

- **Seguimiento de direcciones IP:** Tu dirección IP pública (asignada por tu ISP) vincula toda tu actividad contigo. Puede revelar tu ubicación aproximada y tu proveedor de Internet. Los sitios web y los rastreadores suelen registrar las IP en sus registros de acceso. Si alguien puede vincular tu IP con tu identidad (por ejemplo, mediante los registros del ISP), sabrá qué sitios visitas.

- **Metadatos de tráfico:** Incluso si usas HTTPS, que cifra el contenido, un observador puede ver *a qué direcciones IP te conectas y cuándo*. El contenido está oculto, pero los patrones permanecen (por ejemplo, te conectaste a 1.1.1.1, que es Cloudflare).

- **Huella digital de dispositivos y aplicaciones:** Los navegadores y las aplicaciones móviles exponen muchos detalles (agente de usuario, fuentes instaladas, tamaño de pantalla, etcétera) que pueden identificarte de forma única (una "huella digital"). Esto permite el seguimiento entre sesiones si no se mitiga.

- **Correlación entre dispositivos:** Usar los mismos inicios de sesión o cuentas en varios dispositivos permite que un adversario vincule tu actividad móvil, de escritorio y de otros tipos.

Términos y acrónimos importantes:

A continuación se presentan definiciones claras y concisas de los términos y acrónimos clave que aparecen en este libro. Úsalas como referencia rápida mientras lees el resto del libro.

1. **DNS:** Sistema de Nombres de Dominio. La "guía telefónica" de Internet que traduce nombres de dominio legibles por humanos (como example.com) en direcciones IP numéricas que las computadoras utilizan para enrutar el tráfico.

2. **Consulta DNS:** La consulta real que tu dispositivo envía a un resolvedor DNS preguntando "¿cuál es la dirección IP de <nombre de dominio>?". En el DNS predeterminado (sin cifrar), estas consultas son visibles para cualquiera que observe la red.

3. **Dirección IP:** Dirección de Protocolo de Internet. Un identificador numérico asignado a un dispositivo o servidor en una red (p. ej., 192.0.2.1). Una IP pública revela tu ubicación aproximada y el ISP que utilizas.

4. **ISP:** Proveedor de Servicios de Internet. La empresa (por ejemplo, tu proveedor de banda ancha doméstica o tu operador móvil) que te da acceso a Internet. Los ISP suelen poder ver tráfico sin cifrar y consultas DNS de sus clientes.

5. **Metadatos:** Datos sobre datos. En redes, los metadatos incluyen información como a qué IP te conectaste, el momento y el tamaño de las transferencias y los nombres DNS que consultaste.

6. **Metadatos de tráfico:** El subconjunto de metadatos producido por la actividad de red: marcas de tiempo, IP de destino, tamaños de paquetes, duración de conexión y hechos observables similares que pueden revelar hábitos o patrones incluso cuando el contenido está cifrado.

7. **Huella digital de dispositivos y aplicaciones:** Una técnica que recopila muchos pequeños puntos de datos (versión del navegador, fuentes, tamaño de pantalla, complementos instalados, etcétera) para crear una "huella digital" única que puede identificar o rastrear un dispositivo a través de sesiones y sitios.

8. **Correlación entre dispositivos:** Vincular la actividad de múltiples dispositivos (por ejemplo, teléfono, portátil y tableta) a una sola persona o cuenta, normalmente mediante inicios de sesión compartidos, direcciones IP u otras señales, lo que permite el seguimiento entre contextos.

9. **Modelo de amenazas:** Una descripción de contra quién o qué te estás defendiendo y qué capacidades tiene. Ejemplos: espías en redes Wi-Fi locales, tu ISP, sitios web

maliciosos, actores estatales. Un modelo de amenazas como guía para saber qué protecciones necesitas.

10. **Cifrado de extremo a extremo (E2EE):** Un modelo de seguridad en el que solo los extremos que se comunican (emisor y receptor) pueden leer el contenido del mensaje. Los intermediarios (incluidos los proveedores de servicios) no pueden descifrarlo. Es común en la mensajería segura (p. ej., Signal).

11. **Cifrado de red:** Cifrado que protege el tráfico mientras atraviesa las redes (p. ej., túneles VPN, TLS para HTTPS). Evita que los observadores en ruta lean el contenido de los paquetes, aunque algunos metadatos (como las IP) pueden seguir siendo visibles, según la configuración.

12. **VPN:** Red Privada Virtual. Un servicio o tecnología que crea un "túnel" cifrado entre tu dispositivo y un servidor VPN. Oculta tu IP real a los sitios de destino y evita que observadores locales (como redes Wi-Fi públicas o el ISP) vean el contenido o los destinos de tu tráfico.

13. **Túnel:** Término coloquial para una conexión cifrada (por ejemplo, un túnel VPN) que encapsula y protege el tráfico de red mientras pasa por una red no confiable.

14. **DNS cifrado:** Cualquier método de DNS que impida que las consultas en texto plano sean observadas en la red. Los enfoques comunes incluyen DoH (DNS sobre HTTPS), DoT (DNS sobre TLS) y DNSCrypt.

15. **DoH:** DNS sobre HTTPS. Las solicitudes DNS se envían dentro del tráfico HTTPS normal (puerto 443), ocultándolas a observadores pasivos y, a menudo, a intermediarios censores.

16. **DoT:** DNS sobre TLS. Las solicitudes DNS se cifran mediante TLS (normalmente el puerto 853). El "DNS privado" de Android utiliza DoT.

17. **DNSCrypt:** Un protocolo (y un conjunto de implementaciones) que firma y cifra el tráfico DNS entre un cliente y un resolvedor. Herramientas como `dnscrypt-proxy` lo implementan.

18. **Tor:** The Onion Router. Una red gestionada por voluntarios que enruta el tráfico a través de múltiples relés (normalmente tres) para proporcionar un fuerte anonimato. Tor oculta la IP de origen al destino y dificulta mucho la correlación del tráfico, pero es más lento que las VPN.

19. **Anonimización:** Técnicas utilizadas para reducir o eliminar información identificable de modo que las acciones no puedan vincularse a una persona concreta. Tor es una herramienta de anonimización; otros enfoques (redes de mezcla, proxies) persiguen objetivos similares con distintos compromisos.

20. **Confianza dividida / Servicio de confianza dividida:** Un enfoque de diseño que separa el conocimiento entre varias partes para que ninguna pueda asociar completamente tu identidad con tus actividades. (Ejemplo: La retransmisión privada de iCloud utiliza dos relés diferentes para que ninguno pueda ver a la vez quién eres y qué visitaste).

21. **Cortafuegos:** Un sistema (software o hardware) que aplica reglas sobre qué conexiones de red se permiten o se bloquean. Los cortafuegos pueden usarse para

implementar un "interruptor de corte" de VPN (bloquear el tráfico si la VPN se cae) o para restringir el acceso entrante y saliente.

22. **NAT:** Traducción de Direcciones de Red. Una técnica utilizada por los routers para permitir que varios dispositivos compartan una única dirección IP pública. NAT oculta las direcciones IP internas (privadas) frente a Internet, pero el tráfico que se origina en la red puede seguir revelando la IP pública del router.

Construimos **modelos de amenazas** para decidir contra qué defendernos. Por ejemplo, si quieres evitar el espionaje en la red local en una red Wi-Fi pública, una VPN o Tor es fundamental. Si te preocupa que los sitios web conozcan tu ubicación y tu navegación, una VPN o Retransmisión privada de iCloud ayuda a ocultar tu IP, mientras que las extensiones antirrastreo del navegador pueden impedir que las redes publicitarias se beneficien de las cookies. Tiene sus contras: Tor ofrece un anonimato fuerte, pero a costa de la velocidad; las VPN son más rápidas, pero requieren confiar en un proveedor. Nuestro enfoque aplicará protecciones por capas: cifrado de DNS (para que tu ISP no pueda ver tus consultas), VPN/relé para ocultar la IP y refuerzo del navegador para reducir la capacidad de identificación por huella digital.

Privacidad vs. seguridad: Aunque están relacionadas, no son lo mismo. La seguridad protege los datos contra el acceso o la modificación no autorizados (confidencialidad e integridad), a menudo mediante cifrado (p. ej., HTTPS, VPN). La privacidad consiste en controlar qué información personal se recopila, cómo se utiliza y quién puede vincular acciones contigo. Esta guía hace hincapié en ambos aspectos: usar cifrado para asegurar el canal y también elegir herramientas y políticas que *minimicen la recopilación y la exposición de datos* (como las políticas de "no registros" para VPN/DNS).

Conceptos clave:

- **El cifrado de extremo a extremo** protege el contenido (p. ej., HTTPS, Signal).

- **El cifrado de red** (VPN, Tor) oculta tu tráfico a observadores locales.

- **La anonimización** (Tor, Tor Browser) añade anticorrelación mediante relés.

- **Los servicios de confianza dividida**, como la retransmisión privada de iCloud, separan los flujos de datos.

- **El DNS cifrado** (DoH/DoT/DNSCrypt) evita el espionaje del DNS.

- **Cortafuegos/NAT** normalmente oculta tu red interna, pero las solicitudes salientes aún pueden revelar información.

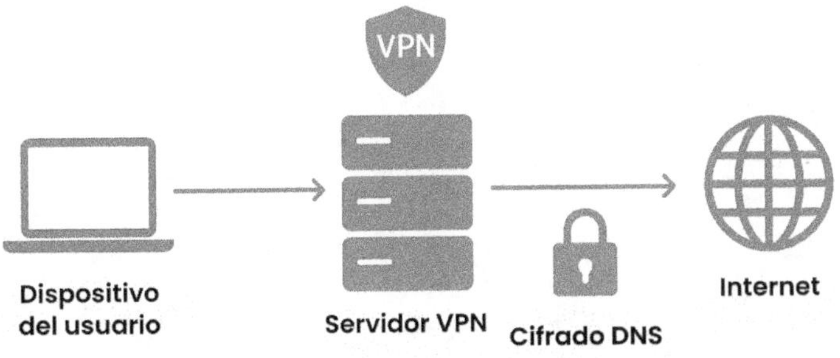

La figura anterior muestra herramientas típicas de privacidad en acción. Una VPN (o Retransmisión privada de iCloud) protege tu IP y cifra el tráfico, mientras que el DNS cifrado oculta tus consultas DNS a los observadores.

3 Redes privadas virtuales (VPN)

Una red privada virtual (VPN) crea un túnel cifrado entre tu dispositivo y un servidor VPN, ocultando tu tráfico a observadores locales. Como resultado, el ISP solo ve una conexión cifrada a la VPN, no los destinos finales que visitas. Los sitios web ven la IP de la VPN en lugar de la tuya, lo que protege tu identidad y tu ubicación frente a ellos. En esencia, una VPN traslada la confianza de tu ISP al proveedor de la VPN.

3.1 Descripción general de los protocolos VPN

Las herramientas VPN utilizan distintos protocolos (tecnologías de tunelización) para proteger el tráfico. Los principales protocolos actuales son **OpenVPN** (https://openvpn.net), **WireGuard** (https://wireguard.com) y **IKEv2/IPsec**. Existen otros más antiguos como **L2TP/IPsec**, **SSTP** y **PPTP**, pero por lo general están en desuso (PPTP, en particular, es extremadamente inseguro).

Aquí tienes una breve comparación:

Protocolo	Seguridad y cifrado	Velocidad y rendimiento
OpenVPN	Usa OpenSSL (normalmente AES-256), transporte TCP/UDP. Muy	Moderada (UDP más rápido que TCP)

Protocolo	Seguridad y cifrado	Velocidad y rendimiento
	seguro y de código abierto.	
WireGuard	Criptografía moderna (ChaCha20, Poly1305), base de código pequeña. Código abierto. Solo UDP.	Alta (muy rápido)
IKEv2/IPsec	Fuerte (IPsec), retipeo extremadamente estable. Compatible con MOBIKE para cambios de red.	Alta
L2TP/IPsec	Débil por sí solo (L2TP no cifra); combinado con IPsec.	Moderada
SSTP	Fuerte (basado en SSL/TLS, AES-256).	Moderada
PPTP	**Muy débil** (MSMPPE con MS-CHAP v1/v2 defectuoso).	Moderada
Otros (propietarios)	Ej.: NordLynx (variante de WireGuard), Lightway (ExpressVPN, basado en WireGuard).	Varía

Protocolo	Mejores casos de uso	Notas
OpenVPN	Uso general, ampliamente compatible, conexiones DIY	Muy maduro; confiable para la comunidad; puede ser más lento por la sobrecarga.
WireGuard	Necesidades de alta velocidad (streaming, juegos, P2P)	Ligero; requiere almacenar la IP reciente en el servidor (mitigado con servidores solo-RAM).
IKEv2/IPsec	Dispositivos móviles (cambio de redes)	Reconexión muy rápida; implementaciones de código abierto; origen de código cerrado (Cisco/Microsoft).
L2TP/IPsec	Compatibilidad heredada, enlaces sitio a sitio	Casi obsoleto; reemplazado por IKEv2/IPsec.
SSTP	Alternativa en Windows	Nativo de Windows, usa TCP 443; propietario (MS).
PPTP	Ninguno (solo legado)	No recomendado. Cifrado muy débil.
Otros (propietarios)	Funciones específicas del	A menudo basados en marketing;

Protocolo	Mejores casos de uso	Notas
	proveedor	seguridad similar al protocolo base.

Desde el punto de vista de la privacidad, evita PPTP y L2TP para conexiones públicas. WireGuard y OpenVPN suelen preferirse por su criptografía fuerte y su transparencia (código abierto). IKEv2 es muy rápido, tiene criptografía fuerte y es mejor para conectividad fluida en dispositivos móviles.

OpenVPN existe desde hace aproximadamente 25 años y es considerado muy seguro. Admite AES-256 con OpenSSL y puede funcionar sobre TCP o UDP. El modo UDP es más rápido (sin acuses de recibo), pero menos estable; TCP es más lento, pero puede atravesar muchos cortafuegos. Los ejemplos de configuración de cliente en la sección 3.6 usarán el cliente oficial OpenVPN Connect para Windows, Android e iOS, y Tunnelblick para macOS.

WireGuard (publicado en 2016) está diseñado para ser ligero y rápido. Tiene una base de código pequeña (unas 4.000 líneas, frente a las más de 70.000 de OpenVPN), lo que reduce la superficie de ataque. Usa una suite criptográfica moderna (Curve25519, etcétera) y logra mayor rendimiento. La contra: por diseño mantiene direcciones IP a corto plazo en memoria para la conexión; si el servidor registra datos, podría vincularte a una IP. Muchos servicios orientados a la privacidad lo mitigan usando servidores solo-RAM que se reinician automáticamente, borrando registros. En la práctica, las ganancias de velocidad de WireGuard (a menudo alrededor del 50% más rápido que OpenVPN) y la facilidad de configuración (claves simples) lo convierten en una excelente opción. Windows, macOS, Android e iOS tienen clientes oficiales de WireGuard; en Linux usaremos `wg-quick`.

IKEv2/IPsec suele venir integrado en los dispositivos. Es robusto y rápido, especialmente en móviles: puede restablecer automáticamente una conexión caída (al cambiar de Wi-Fi a datos móviles) con una interrupción mínima. Usa una combinación del protocolo IKEv2 y el cifrado IPsec. IKEv2/IPsec es propietario en su origen, pero el estándar en sí está ampliamente implementado y es de código abierto (p. ej., Libreswan, strongSwan).

Protocolos en desuso: SSTP (el túnel basado en SSL de Microsoft) es solo para Windows y funciona, pero carece de soporte amplio. PPTP se desaconseja firmemente: ha sido vulnerado por agencias gubernamentales y otros. Si ves "PPTP" en cualquier parte, evita usarlo. L2TP/IPsec (L2TP sobre IPsec) es mejor que PPTP, pero puede bloquearse en algunas redes; usa IKEv2/IPsec en su lugar.

3.2 Tabla comparativa de VPN

Protocolo	Cifrado	Caso de uso
OpenVPN (UDP/TCP)	AES-256 (OpenSSL), TLS 1.2/1.3	Uso general; cuando se necesitan compatibilidad y seguridad
WireGuard	ChaCha20, Poly1305 (suite moderna)	Necesidades de alta velocidad (streaming, juegos, P2P)
IKEv2/IPsec	IPsec (AES-256), intercambio de	Móviles en movimiento

Protocolo	Cifrado	Caso de uso
	claves IKEv2	(mantiene la VPN activa entre redes)
L2TP/IPsec	IPsec de 256 bits, pero L2TP añade sobrecarga	Menos usado ahora; configuraciones heredadas
SSTP	SSL/TLS (AES-256)	Alternativa en Windows si falla OpenVPN
PPTP	MPPE (RC4 débil)	Ninguno (evitar)

Protocolo	Fortalezas	Debilidades
OpenVPN (UDP/TCP)	Seguridad probada, código abierto, configurable (UDP/TCP)	Más sobrecarga (más lento que WireGuard), configuración compleja
WireGuard	Simple, muy rápido, base de código pequeña	El servidor almacena la IP brevemente (mitigar con servidores solo-RAM)
IKEv2/IPsec	Reconexión rápida (bueno para roaming), amplio soporte	Puertos fijos (UDP 500/4500) pueden ser filtrados
L2TP/IPsec	Compatibilidad heredada en	A menudo bloqueado por

Protocolo	Fortalezas	Debilidades
	muchos dispositivos	cortafuegos; sobrecarga extra
SSTP	Funciona en Windows por TCP 443 (difícil de bloquear)	Solo Windows, más lento (TCP), propietario
PPTP	Rápido por cifrado mínimo	Vulnerado; no recomendado

3.3 Elegir un servicio VPN

Para usuarios avanzados, crear tu propia VPN puede ser una forma eficaz de mejorar la privacidad y la seguridad en línea. Lee la siguiente sección para más detalles. A otras personas puede resultarles más fácil suscribirse a un servicio VPN. Ten en cuenta estos criterios importantes al elegir un servicio VPN:

- **Política de no registros:** El proveedor no debe registrar tu actividad de navegación. Busca políticas auditadas. Algunos, como WARP de Cloudflare o Mullvad (DNS/VPN), declaran explícitamente que no guardan registros.

- **Jurisdicción:** Las empresas bajo las leyes de ciertos países podrían verse obligadas a entregar datos. Por ejemplo, una VPN con sede en EE. UU. debe cumplir con citaciones; aunque si tiene una política estricta de no registros, puede que no tenga nada que entregar.

- **Rendimiento y ubicación de servidores:** Más servidores en todo el mundo significa mejores velocidades y más opciones de ubicación.

- **Compatibilidad multiplataforma:** Apps GUI para Windows/macOS/Android/iOS, además de configuración manual para routers o Linux.

- **Interruptor de corte:** Capacidad de bloquear todo el tráfico de red si la VPN se desconecta, evitando fugas sin protección.

- **Protocolos ofrecidos:** Como mínimo, OpenVPN y WireGuard o IKEv2.

- **Funciones adicionales:** Túnel dividido, servidores de doble salto (multisalto), bloqueadores de anuncios integrados, etcétera.

No recomendaremos servicios específicos aquí, pero estas pautas te ayudarán a elegir. En las siguientes secciones, mostraremos cómo crear tu propio servidor VPN y cómo configurar clientes VPN en tus dispositivos.

3.4 Crear tu propia VPN

Crear tu propia VPN puede ser una forma eficaz de mejorar la privacidad y la seguridad en línea, al mismo tiempo que brinda flexibilidad y rentabilidad. Con los recursos y la orientación adecuados, puede ser una inversión valiosa en tu seguridad en línea.

En esta sección, aprenderás a crear tu propio servidor VPN con WireGuard, OpenVPN y/o una VPN IPsec con IKEv2. Esto es solo para **usuarios avanzados**. Si prefieres suscribirte a un servicio VPN, omite esta sección y ve a la sección 3.5 Configurar clientes de WireGuard VPN.

Para una cobertura más detallada sobre cómo crear tu propia VPN, consulta mis otros libros en https://amazon.com/author/linsong.

3.4.1 Crear un servidor en la nube

Para crear tu propia VPN, necesitarás un servidor en la nube o un servidor privado virtual (VPS) como primer paso. Para tu referencia, aquí podrás ver algunos proveedores de servidores populares:

- DigitalOcean (https://www.digitalocean.com)
- Vultr (https://www.vultr.com)
- Linode (https://www.linode.com)
- OVH (https://www.ovhcloud.com/en/vps/)

Primero, elige un proveedor de servidor. Luego, para comenzar, consulta los pasos de ejemplo de esta sección para empezar. Al crear tu servidor, se recomienda seleccionar la última versión de Ubuntu Linux LTS o Debian Linux (Ubuntu 24.04 o Debian 13 al momento de escribir este artículo) como sistema operativo, con 1 GB o más de memoria.

Los usuarios avanzados pueden configurar el servidor de VPN en una Raspberry Pi (https://raspberrypi.com). Primero, inicia sesión en tu Raspberry Pi y abre la terminal, luego sigue las instrucciones de este capítulo para instalar OpenVPN, WireGuard y/o una VPN IPsec con IKEv2. Antes de conectarte, es posible que debas reenviar los puertos de tu enrutador a la IP local del Raspberry Pi. Consulta los puertos predeterminados de cada tipo de VPN en las siguientes secciones.

Ejemplo: Crear un servidor en DigitalOcean

1. Regístrate para crear una cuenta de DigitalOcean: Dirígete al sitio web de DigitalOcean (https://www.digitalocean.com) y regístrate para obtener una cuenta si aún no lo has hecho.

2. Una vez hayas iniciado sesión en el panel de control de DigitalOcean, haz clic en el botón de "Create" en la esquina superior derecha de la pantalla y selecciona "Droplets" en el menú desplegable.

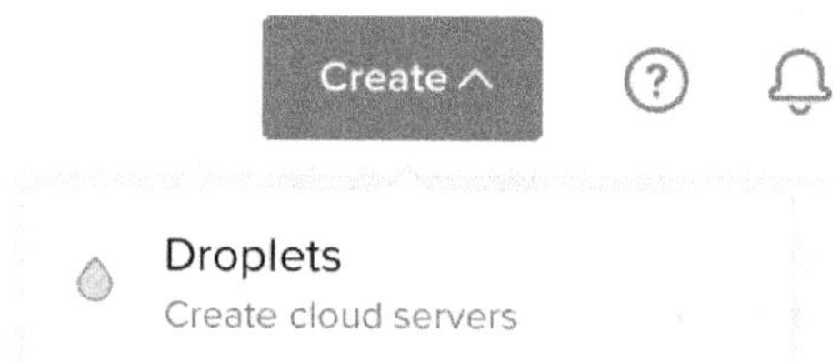

3. Selecciona una región de centro de datos de acuerdo a tus requisitos, por ejemplo, la más cercana a tu ubicación.

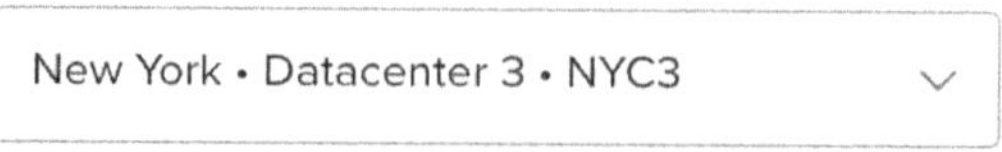

4. En "Choose an image", selecciona la última versión de Ubuntu Linux LTS (p.e., Ubuntu 24.04) de la lista de imágenes disponibles.

5. Elige un plan para tu servidor. Puedes seleccionar entre varias opciones de acuerdo a tus necesidades. Para una VPN personal, es probable que un plan básico de CPU compartida con una unidad SSD normal y 1 GB de memoria sea suficiente.

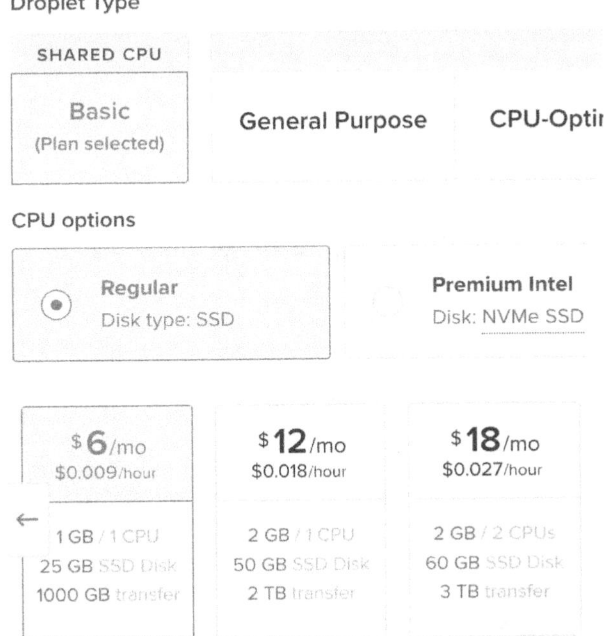

6. Selecciona "Password" como método de autenticación y luego ingresa una contraseña de root segura y fuerte. Para la seguridad de tu servidor, es fundamental que elijas una contraseña de root con las características antes mencionadas. Alternativamente, puedes usar claves SSH para la autenticación.

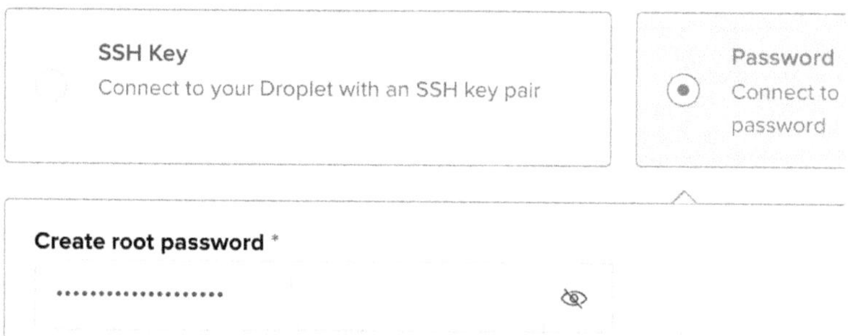

7. Selecciona cualquier opción adicional, como copias de seguridad e IPv6, si lo deseas.

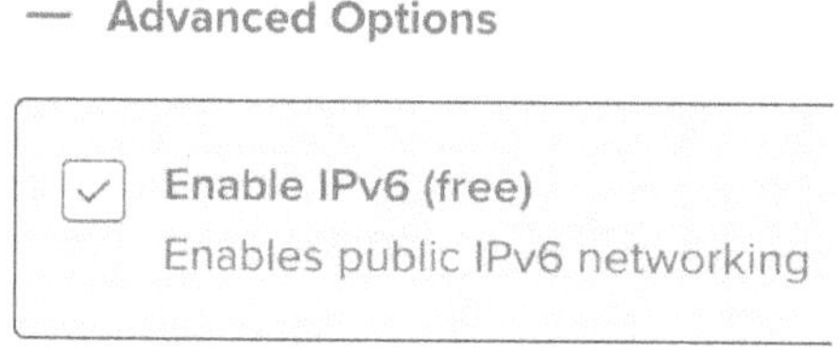

8. Ingresa un nombre de host para tu servidor y haz clic en "Create Droplet".

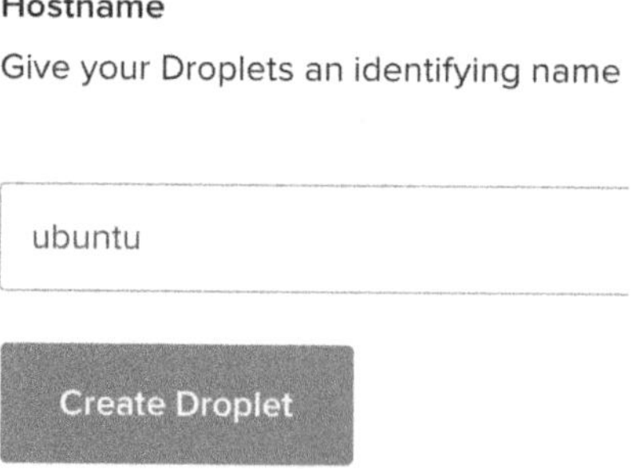

9. Espera algunos minutos hasta que se cree el servidor.

Cuando el servidor esté listo, podrás conectarte por SSH usando el nombre de usuario `root` y la contraseña que introdujiste al crearlo.

3.4.2 Conectarse al servidor mediante SSH

Una vez creado tu servidor en la nube, puedes acceder al mismo mediante SSH. Puedes utilizar la terminal en tu computadora local o una herramienta como Git para Windows para conectarte a tu servidor mediante tu dirección IP y tus credenciales de inicio de sesión de root.

Para conectarte a tu servidor mediante SSH desde Windows, macOS o Linux, sigue los pasos a continuación:

1. Abre la terminal en tu computadora. En Windows, puedes utilizar un emulador de terminal como Git para Windows.

   Git para Windows: https://git-scm.com/downloads
   Descarga la versión portátil y haz doble clic para instalarla. Cuando hayas terminado, abre la carpeta "PortableGit" y haz doble clic para ejecutar "git-bash.exe".

2. Escribe el siguiente comando, reemplazando "username" con tu nombre de usuario (por ejemplo, "root") y "server-ip" con la dirección IP o el nombre de host de tu servidor:

   ```
   ssh username@server-ip
   ```

3. Si es la primera vez que te conectas al servidor, es posible que se te pida que aceptes la huella digital de la clave SSH del servidor. Escribe "yes" y presiona enter para continuar.

4. Si estás usando una contraseña para iniciar sesión, se te solicitará que la ingreses. Escribe la misma y presiona enter.

5. Si es la primera vez que te conectas al servidor y se te pide que cambies la contraseña de root, ingresa una contraseña nueva que sea fuerte y segura. De lo contrario, omite este paso. Para la seguridad de tu servidor, es fundamental que elijas una contraseña que cumpla estas características.

6. Una vez estés autenticado, iniciarás sesión en el servidor a través de SSH. Ahora puedes ejecutar comandos en el servidor a través de la terminal.

7. Para desconectarte del servidor, simplemente escribe el comando "exit" y presiona enter.

3.4.3 Actualizar el servidor

Después de conectarte al servidor mediante SSH, puedes actualizarlo ejecutando los siguientes comandos y reiniciando. Esto es opcional, pero se recomienda.

```
sudo apt update && sudo apt -y upgrade
sudo reboot
```

Las mejores prácticas de seguridad del servidor de Linux recomiendan que actualices regularmente el sistema operativo de tu servidor para mantenerlo actualizado con los últimos parches y actualizaciones de seguridad.

3.4.4 Instalar WireGuard

GitHub: https://github.com/hwdsl2/wireguard-install

Primero, conéctate a tu servidor usando SSH.

Descarga el script de instalación de WireGuard:

```
wget https://get.vpnsetup.net/wg -O wg.sh
```

Opción 1: Instalar WireGuard automáticamente usando las opciones predeterminadas.

```
sudo bash wg.sh --auto
```

Para servidores con un firewall externo (por ejemplo, Amazon EC2), abre el puerto UDP 51820 para la VPN.

Ejemplo:

```
$ sudo bash wg.sh --auto

WireGuard Script
https://github.com/hwdsl2/wireguard-install

Starting WireGuard setup using default options.

Server IP: 192.0.2.1
Port: UDP/51820
Client name: client
Client DNS: Google Public DNS

Installing WireGuard, please wait...
+ apt-get -yqq update
+ apt-get -yqq install wireguard qrencode
+ systemctl enable --now wg-iptables.service
+ systemctl enable --now wg-quick@wg0.service

------------------------------
| Código QR para configuración |
```

```
| del cliente                |
 ------------------------------
```

↑ That is a QR code containing the client
configuration.

Finished!

The client configuration is available in:
/root/client.conf
New clients can be added by running this script
again.

Después de la configuración, puedes ejecutar el script
nuevamente para administrar usuarios o desinstalar
WireGuard.

Próximos pasos: Haz que tu computadora o dispositivo use la
VPN. Consulta:

3.5 Configurar clientes de WireGuard VPN

¡Disfruta de tu propia VPN!

Opción 2: Instalación interactiva usando opciones
personalizadas.

```
sudo bash wg.sh
```

Puedes personalizar las siguientes opciones: Nombre de DNS
del servidor, puerto UDP, servidor de DNS y nombre del
primer cliente VPN.

Pasos de ejemplo (reemplázalos con tus propios valores):

Nota: Estas opciones pueden cambiar en versiones más actualizadas del script. Lee atentamente antes de seleccionar la opción que desees.

```
$ sudo bash wg.sh


Welcome to this WireGuard server installer!
GitHub: https://github.com/hwdsl2/wireguard-install


I need to ask you a few questions before starting
setup. You can use the default options and just press
enter if you are OK with them.
```

Introduce el nombre de DNS del servidor VPN:

```
Do you want WireGuard VPN clients to connect to this
server using a DNS name, e.g. vpn.example.com,
instead of its IP address? [y/N] y


Enter the DNS name of this VPN server:
vpn.example.com
```

Selecciona un puerto UDP para WireGuard:

```
Which port should WireGuard listen to?
Port [51820]:
```

Proporciona un nombre para el primer cliente:

```
Enter a name for the first client:
Name [client]:
```

Selecciona servidores DNS:

```
Select a DNS server for the client:
   1) Current system resolvers
```

```
 2) Google Public DNS
 3) Cloudflare DNS
 4) OpenDNS
 5) Quad9
 6) AdGuard DNS
 7) Custom
DNS server [2]:
```

Confirma e inicia la instalación de WireGuard:

```
WireGuard installation is ready to begin.
Do you want to continue? [Y/n]
```

Los usuarios avanzados también pueden instalar automáticamente WireGuard usando opciones personalizadas. Para obtener más información, ejecuta:

```
sudo bash wg.sh -h
```

Después de la configuración, puedes ejecutar el script nuevamente para administrar usuarios o desinstalar WireGuard.

Próximos pasos: Haz que tu computadora o dispositivo utilice la VPN. Consulta:

3.5 Configurar clientes de WireGuard VPN

¡Disfruta de tu propia VPN!

3.4.5 Instalar OpenVPN

GitHub: https://github.com/hwdsl2/openvpn-install

Primero, conéctate a tu servidor usando SSH.

Descarga el script de instalación de OpenVPN:

```
wget https://get.vpnsetup.net/ovpn -O ovpn.sh
```

Opción 1: Instalar OpenVPN automáticamente usando las opciones predeterminadas.

```
sudo bash ovpn.sh --auto
```

Para servidores con un firewall externo (p.e., Amazon EC2), abre el puerto UDP 1194 para la VPN.

Ejemplo:

```
$ sudo bash ovpn.sh --auto

OpenVPN Script
https://github.com/hwdsl2/openvpn-install

Starting OpenVPN setup using default options.

Server IP: 192.0.2.1
Port: UDP/1194
Client name: client
Client DNS: Google Public DNS

Installing OpenVPN, please wait...
+ apt-get -yqq update
+ apt-get -yqq --no-install-recommends install \
  openvpn
+ apt-get -yqq install openssl ca-certificates
+ ./easyrsa --batch init-pki
+ ./easyrsa --batch build-ca nopass
+ ./easyrsa --batch --days=3650 build-server-full \
  server nopass
```

```
+ ./easyrsa --batch --days=3650 build-client-full \
  client nopass
+ ./easyrsa --batch --days=3650 gen-crl
+ openvpn --genkey --secret \
  /etc/openvpn/server/tc.key
+ systemctl enable --now openvpn-iptables.service
+ systemctl enable --now \
  openvpn-server@server.service

Finished!

The     client    configuration    is    available    in:
/root/client.ovpn
New  clients  can  be  added  by  running  this  script
again.
```

Después de la configuración, puedes ejecutar el script nuevamente para administrar usuarios o desinstalar OpenVPN.

Próximos pasos: Haz que tu computadora o dispositivo use la VPN. Consulta:

3.6 Configurar clientes de OpenVPN

¡Disfruta de tu propia VPN!

Opción 2: Instalación interactiva usando opciones personalizadas.

```
sudo bash ovpn.sh
```

Puedes personalizar las siguientes opciones: nombre de DNS, protocolo (TCP/UDP) y puerto, servidor de DNS y nombre del primer cliente del servidor de VPN.

Pasos de ejemplo (reemplázalos con tus propios valores):

Nota: Estas opciones pueden cambiar en versiones más actualizadas del script. Lee atentamente antes de seleccionar la opción que desees.

```
$ sudo bash ovpn.sh


Welcome to this OpenVPN server installer!
GitHub: https://github.com/hwdsl2/openvpn-install


I need to ask you a few questions before starting
setup. You can use the default options and just press
enter if you are OK with them.
```

Introduce el nombre de DNS del servidor de VPN:

```
Do you want OpenVPN clients to connect to this server
using a DNS name, e.g. vpn.example.com, instead of
its IP address? [y/N] y


Enter the DNS name of this VPN server:
vpn.example.com
```

Selecciona el protocolo y el puerto para OpenVPN:

```
Which protocol should OpenVPN use?
   1) UDP (recommended)
   2) TCP
Protocol [1]:


Which port should OpenVPN listen to?
Port [1194]:
```

Selecciona servidores de DNS:

```
Select a DNS server for the clients:
    1) Current system resolvers
    2) Google Public DNS
    3) Cloudflare DNS
    4) OpenDNS
    5) Quad9
    6) AdGuard DNS
    7) Custom
DNS server [2]:
```

Proporciona un nombre para el primer cliente:

```
Enter a name for the first client:
Name [client]:
```

Confirma e inicia la instalación de OpenVPN:

```
OpenVPN installation is ready to begin.
Do you want to continue? [Y/n]
```

Los usuarios avanzados también pueden instalar automáticamente OpenVPN usando opciones personalizadas. Para obtener más información, ejecuta:

```
sudo bash ovpn.sh -h
```

Después de la configuración, puedes ejecutar el script nuevamente para administrar usuarios o desinstalar OpenVPN.

Próximos pasos: Haz que tu computadora o dispositivo use la VPN. Consulta:

3.6 Configurar clientes de OpenVPN

¡Disfruta de tu propia VPN!

3.4.6 Instalar VPN IPsec con IKEv2

GitHub: https://github.com/hwdsl2/setup-ipsec-vpn

Primero, conéctate a tu servidor usando SSH.

Descarga el script de instalación de VPN IPsec:

```
wget https://get.vpnsetup.net -O vpn.sh
```

Opción 1: Instalación automática usando opciones predeterminadas.

```
sudo sh vpn.sh
```

Para servidores con un firewall externo (p.e., Amazon EC2), abre los puertos UDP 500 y 4500 para la VPN.

Ejemplo:

```
$ sudo sh vpn.sh

... ... (salida omitida)
===================================

IPsec VPN server is now ready for use!

Connect to your new VPN with these details:

Server IP: 192.0.2.1
IPsec PSK: [Tu clave precompartida de IPsec]
Username: vpnuser
Password: [Tu contraseña del VPN]

Write these down. You'll need them to connect!
```

```
VPN client setup: https://vpnsetup.net/clients


==================================


==================================


IKEv2 setup successful. Details for IKEv2 mode:


VPN server address: 192.0.2.1
VPN client name: vpnclient


Client configuration is available at:
/root/vpnclient.p12 (for Windows & Linux)
/root/vpnclient.sswan (for Android)
/root/vpnclient.mobileconfig (for iOS & macOS)


Next steps: Configure IKEv2 clients. See:
https://vpnsetup.net/clients


==================================
```

Después de la configuración, puedes ejecutar "sudo ikev2.sh"
para administrar los clientes de IKEv2.

Próximos pasos: Haz que tu computadora o dispositivo utilice
la VPN. Consulta:

Configurar clientes de IKEv2 VPN:
https://github.com/hwdsl2/setup-ipsec-vpn#next-steps

¡Disfruta de tu propia VPN!

Opción 2: Instalación interactiva usando opciones
personalizadas.

```
sudo VPN_SKIP_IKEV2=yes sh vpn.sh
sudo ikev2.sh
```

Puedes personalizar las siguientes opciones: Nombre de DNS del servidor VPN, nombre y período de validez del primer cliente, servidor de DNS para clientes VPN y si deseas proteger con contraseña los archivos de configuración del cliente.

Pasos de ejemplo (reemplázalos con tus propios valores):

Nota: Estas opciones pueden cambiar en versiones más actualizadas del script. Lee atentamente antes de seleccionar la opción que desees.

```
$ sudo VPN_SKIP_IKEV2=yes sh vpn.sh
... ... (salida omitida)

$ sudo ikev2.sh


Welcome! Use this script to set up IKEv2 on your VPN
server.


I need to ask you a few questions before starting
setup. You can use the default options and just press
enter if you are OK with them.
```

Introduce el nombre de DNS del servidor de VPN:

```
Do you want IKEv2 clients to connect to this server
using a DNS name, e.g. vpn.example.com, instead of
its IP address? [y/N] y

Enter the DNS name of this VPN server:
vpn.example.com
```

Introduce el nombre y el período de validez del primer cliente:

```
Provide a name for the IKEv2 client.
Use one word only, no special characters except '-'
and '_'.
Client name: [vpnclient]


Specify the validity period (in months) for this
client certificate.
Enter an integer between 1 and 120: [120]
```

Especifica los servidores de DNS personalizados:

```
By default, clients are set to use Google Public DNS
when the VPN is active.
Do you want to specify custom DNS servers for IKEv2?
[y/N] y


Enter primary DNS server: 1.1.1.1
Enter secondary DNS server (Enter to skip): 1.0.0.1
```

Selecciona si deseas proteger con contraseña los archivos de configuración del cliente:

```
IKEv2 client config files contain the client
certificate, private key and CA certificate. This
script can optionally generate a random password to
protect these files.


Protect client config files using a password? [y/N]
```

Revisa y confirma las opciones de instalación:

```
We are ready to set up IKEv2 now.
Below are the setup options you selected.
```

```
==================================

Server address: vpn.example.com
Client name: vpnclient


Client cert valid for: 120 months
MOBIKE support: Not available
Protect client config: No
DNS server(s): 1.1.1.1 1.0.0.1


==================================


Do you want to continue? [Y/n]
```

Después de la configuración, puedes ejecutar "sudo ikev2.sh" para administrar los clientes IKEv2.

Próximos pasos: Haz que tu computadora o dispositivo utilice la VPN. Consulta:

Configurar clientes de IKEv2 VPN:
https://github.com/hwdsl2/setup-ipsec-vpn#next-steps

¡Disfruta de tu propia VPN!

3.4.7 Transferir archivos desde el servidor

Al configurar clientes de VPN, es posible que debas transferir de forma segura los archivos de configuración de cliente desde el servidor a tu computadora local. Una forma de hacerlo es mediante el comando "scp". Pasos de ejemplo:

1. Abre la terminal en tu computadora. En Windows, puedes usar un emulador de terminal como Git para Windows.

Git para Windows: https://git-scm.com/downloads
Descarga la versión portátil y luego haz doble clic para instalar. Cuando haya terminado, abre la carpeta "PortableGit" y haz doble clic para ejecutar "git-bash.exe".

2. Escribe el siguiente comando, reemplazando "username" con tu nombre de usuario SSH (por ejemplo, "root"), "server-ip" con la dirección IP o el nombre de host de tu servidor, "/path/to/file" con la ruta al archivo en el servidor y "/local/folder" con la carpeta local donde deseas guardar el archivo.

```
scp username@server-ip:/path/to/file /local/folder
```

3. Por ejemplo, si deseas autenticarte como "root" y transferir "/root/client.conf" desde el servidor con la dirección de IP "192.0.2.1" a la carpeta de trabajo actual en la computadora local:

```
scp root@192.0.2.1:/root/client.conf ./
```

Nota: Si usas Git para Windows, la carpeta local "/" generalmente toma la carpeta de instalación, por ejemplo, "PortableGit".

4. Si utilizas una contraseña para iniciar sesión, se te solicitará que ingreses tu contraseña. Escribe tu contraseña y presiona Enter.

5. Luego, el archivo se transferirá desde el servidor y se guardará en la carpeta local que especificaste.

3.4.8 Desinstalar la VPN

Si desea eliminar WireGuard, OpenVPN y/o IPsec VPN del servidor, siga estos pasos.

Advertencia: Toda la configuración de VPN se eliminará **permanentemente**. ¡Esto **no se puede deshacer**!

Primero, conéctate a tu servidor usando SSH.

Para desinstalar WireGuard, ejecuta:

```
sudo bash wg.sh
```

Verás las siguientes opciones:

```
WireGuard is already installed.

Select an option:
  1) Add a new client
  2) List existing clients
  3) Remove an existing client
  4) Show QR code for a client
  5) Remove WireGuard
  6) Exit
```

Selecciona la opción 5 del menú, escribiendo 5 y presionando enter. Luego confirma la eliminación de WireGuard.

Nota: Estas opciones pueden cambiar en versiones más actualizadas del script. Lee atentamente antes de seleccionar la opción que desees.

Para desinstalar OpenVPN, ejecuta:

```
sudo bash ovpn.sh
```

Verás las siguientes opciones:

```
OpenVPN is already installed.


Select an option:
  1) Add a new client
  2) Export config for an existing client
  3) List existing clients
  4) Revoke an existing client
  5) Remove OpenVPN
  6) Exit
```

Selecciona la opción 5 del menú, escribiendo 5 y presionando enter. Luego confirma la eliminación de OpenVPN.

Para desinstalar IPsec VPN, descargue y ejecute el script auxiliar:

```
wget https://get.vpnsetup.net/unst -O unst.sh
sudo bash unst.sh
```

Cuando se le solicite, confirme la eliminación de la VPN IPsec.

3.5 Configurar clientes de WireGuard VPN

Los clientes de WireGuard VPN están disponibles para Windows, macOS, iOS, Android y Linux:
https://www.wireguard.com/install/

Para agregar una conexión VPN, abre la app de WireGuard en tu dispositivo móvil, toca el botón "Add" y luego escanea el código QR o importa el archivo de configuración `.conf` desde tu proveedor de VPN o tu propio servidor. Para Windows y macOS, primero transfiere de forma segura el archivo `.conf` a tu computadora, luego abre WireGuard e importa el archivo.

Para administrar los clientes VPN de WireGuard en tu propio servidor, ejecuta de nuevo el script de instalación: `sudo bash wg.sh`.

3.5.1 Windows

1. Transfiere de forma segura el archivo `.conf` a tu computadora.
2. Instala y abre el cliente VPN de WireGuard (https://www.wireguard.com/install/).
3. Haz clic en **Importar túnel(es) desde archivo**.
4. Busca y selecciona el archivo `.conf`, luego haz clic en **Abrir**.
5. Haz clic en **Activar**.

3.5.2 macOS

1. Transfiere de forma segura el archivo `.conf` a tu computadora.
2. Instala e inicia la aplicación **WireGuard** desde la **App Store**.
3. Haz clic en **Importar túnel(es) desde archivo**.
4. Busca y selecciona el archivo `.conf`, luego haz clic en **Importar**.
5. Haz clic en **Activo**.

3.5.3 Android

1. Instala y ejecuta la aplicación **WireGuard** desde **Google Play**.
2. Pulsa el botón "+" y, entonces, pulsa **Escanear desde código QR**.
3. Escanea el código QR desde tu servidor VPN.

4. Introduce lo que quieras para el **Nombre del túnel**.

5. Pulsa **Crear túnel**.

6. Desliza el interruptor a la posición ON para el nuevo perfil de VPN.

3.5.4 iOS (iPhone/iPad)

1. Instala y ejecuta la aplicación **WireGuard** desde **App Store**.

2. Pulsa **Agregar un túnel** y, entonces, pulsa **Crear desde código QR**.

3. Escanea el código QR desde tu servidor VPN.

4. Introduce lo que quieras para el nombre del túnel.

5. Pulsa **Guardar**.

6. Desliza el interruptor a la posición ON para el nuevo perfil de VPN.

3.5.5 Linux

Instala el paquete y las herramientas:

```
sudo apt update
sudo apt install wireguard -y
```

Tu proveedor de VPN o tu servidor te proporciona un archivo de configuración `.conf` o claves individuales. Un `/etc/wireguard/wg0.conf` básico se ve así:

```
[Interface]
PrivateKey = <your_private_key>
Address = 10.0.0.2/24

[Peer]
PublicKey = <server_public_key>
```

```
Endpoint = vpn.example.com:51820
AllowedIPs = 0.0.0.0/0
PersistentKeepalive = 25
```

Nota: `AllowedIPs = 0.0.0.0/0` significa que todo el tráfico pasa por la VPN (puerta de enlace predeterminada). Puedes personalizarlo (túnel dividido) usando una subred más específica en `AllowedIPs`.

Guarda la configuración como `/etc/wireguard/wg0.conf` (con permisos adecuados: `chmod 600 wg0.conf`). Luego inicia WireGuard:

```
sudo wg-quick up wg0
```

Esto crea la interfaz `wg0` y enruta el tráfico a través de ella. Para que se inicie al arrancar:

```
sudo systemctl enable wg-quick@wg0
```

Verifica el estado con `wg show wg0` para asegurarte de que esté conectado. La simplicidad de WireGuard significa que **no se necesita software de tunelización adicional** más allá del módulo del kernel y `wg-quick`.

3.6 Configurar clientes de OpenVPN

Los clientes de OpenVPN (https://openvpn.net/client/) están disponibles para Windows, macOS, iOS, Android y Linux. Los usuarios de macOS también pueden usar Tunnelblick (https://tunnelblick.net).

Para agregar una conexión de VPN, primero transfiere de forma segura el archivo `.ovpn` desde tu proveedor de VPN o tu propio servidor a tu dispositivo; luego abre la aplicación

OpenVPN e importa el perfil de VPN.

Para administrar clientes de OpenVPN en tu propio servidor, ejecuta de nuevo el script de instalación: `sudo bash ovpn.sh`.

3.6.1 Windows

1. Transfiere de forma segura el archivo `.ovpn` a tu computadora.
2. Descarga e instala OpenVPN Connect (https://openvpn.net/client/).
3. Abre el cliente VPN **OpenVPN Connect**.
4. En la pantalla **Get connected**, haz clic en la pestaña **Upload file**.
5. Arrastra y suelta el archivo `.ovpn` en la ventana, o busca y selecciona el archivo `.ovpn`, y luego haz clic en **Abrir**.
6. Haz clic en **Connect**.

3.6.2 macOS

1. Transfiere de forma segura el archivo `.ovpn` a tu computadora.
2. Instala e inicia Tunnelblick (https://tunnelblick.net).
3. En la pantalla de bienvenida, haz clic en **Tengo archivos de configuración**.
4. En la pantalla **Añadir una configuración**, haz clic en **OK**.
5. Haz clic en el icono de Tunnelblick en la barra de menú y, entonces, selecciona **Detalles de VPN**.
6. Arrastra y suelta el archivo `.ovpn` en la ventana **Configuraciones** (panel izquierdo).
7. Sigue las instrucciones que aparecen en pantalla para instalar el perfil de OpenVPN.

8. Haz clic en **Conectar**.

3.6.3 Android

1. Transfiere de forma segura el archivo `.ovpn` a tu dispositivo Android.
2. Instala y ejecuta **OpenVPN Connect** desde **Google Play**.
3. En la pantalla **Get connected**, pulsa la pestaña **Upload file**.
4. Pulsa **Browse** y, entonces, busca y selecciona el archivo `.ovpn`.
   Nota: Para encontrar el archivo `.ovpn`, pulsa el botón de menú de tres líneas y, entonces, busca la ubicación en la que guardaste el archivo.
5. En la pantalla **Imported Profile**, pulsa **Connect**.

3.6.4 iOS (iPhone/iPad)

Primero, instala e inicia **OpenVPN Connect** desde la **App Store**. Luego transfiere de forma segura el archivo `.ovpn` a tu dispositivo iOS. Para transferir el archivo, puedes seguir los siguientes pasos:

1. Envía el archivo por AirDrop y ábrelo con OpenVPN, o
2. Súbelo a tu dispositivo (carpeta de la aplicación OpenVPN) usando compartir archivos (https://support.apple.com/es-us/119585), luego inicia la aplicación OpenVPN Connect y pulsa la pestaña **File**.

Cuando hayas terminado, pulsa **Add** para importar el perfil VPN, luego pulsa **Connect**.

Para personalizar la configuración de la aplicación OpenVPN Connect, pulsa el botón de menú de tres líneas y luego pulsa **Settings**.

3.6.5 Linux

Instala el paquete y las herramientas:

```
sudo apt update
sudo apt install openvpn -y
```

Suponiendo que tienes un archivo de configuración `.ovpn` de tu proveedor de VPN o de tu propio servidor, puedes conectarte con:

```
sudo openvpn --config /path/to/client.ovpn
```

Esto ejecutará OpenVPN en la terminal. Verás los registros mientras se conecta. Para ejecutar el cliente OpenVPN como un servicio en segundo plano, consulta la wiki de OpenVPN: https://community.openvpn.net/Pages/Systemd

3.7 Interruptor de corte de VPN y protección contra fugas

Una función clave es un *kill switch* (o *network lock*): si la conexión VPN se cae, el interruptor corta todo el tráfico para evitar fugas. Muchos clientes VPN tienen una opción (a menudo en "Configuración → Firewall / Kill Switch") para activarlo. Por ejemplo, en WireGuard para Windows existe una opción de "VPN siempre activa"; en Android, puedes activar un bloqueo para cuando la VPN no está conectada. En Linux, puedes crear reglas de firewall. Ejemplo (con `iptables` en Debian/Ubuntu):

```
# Permite únicamente el tráfico a través de wg0;
# bloquea eth0 (o wlan0) si wg0 no está activo.
sudo iptables -A OUTPUT ! -o wg0 -m conntrack --
ctstate NEW,ESTABLISHED -j DROP
```

Esta línea dice: cualquier conexión saliente nueva o existente que no esté en la interfaz wg0 debe descartarse. (Precaución: prueba en una consola antes de reiniciar para evitar quedarte sin acceso). Las reglas exactas dependen del firewall de tu distribución (ufw, firewalld, etcétera). Muchas distribuciones incluyen **ufw** (Uncomplicated Firewall); puedes hacer algo como:

```
sudo ufw default deny outgoing
sudo ufw allow out on wg0
sudo ufw allow in on wg0
sudo ufw enable
```

Esto bloquea todo el tráfico saliente salvo el que vaya por la VPN. (El ejemplo anterior es simplificado; ajústalo a tus necesidades). Los clientes gráficos suelen incluir esto, pero entender las reglas subyacentes del firewall es útil para servidores y routers.

4 DNS seguro y resolvedores locales

Incluso con una VPN, tu dispositivo sigue haciendo consultas DNS. Si la VPN no configura el DNS, el sistema puede usar por defecto el DNS del ISP (que podría registrar tus consultas). Para cerrar esta brecha, usa DNS cifrado o un resolvedor local.

4.1 Por qué importa la privacidad del DNS

El DNS (Domain Name System) traduce nombres a IP. Sin protección, **cada dispositivo de tu red está "gritando" en texto plano "¿Cuál es la IP de example.com?"**. La respuesta vuelve de forma similar. Los espías (incluido tu ISP o el operador del punto de acceso Wi-Fi) pueden registrar cada sitio que visitas mediante estas consultas. Incluso con una VPN, si la VPN tiene una configuración incorrecta o usas túnel dividido, el DNS aún puede filtrarse.

Herramientas para proteger la privacidad del DNS:

- **DNS sobre HTTPS (DoH)**: cifra las consultas DNS usando HTTPS. Navegadores como Firefox y Chrome admiten DoH, y los sistemas operativos (Windows 11, Android 9+) también lo admiten.

- **DNS sobre TLS (DoT)**: cifra las consultas DNS sobre TLS (puerto 853 por defecto). El "DNS privado" de Android es DoT.

- **DNSCrypt cifrado**: un protocolo más antiguo, pero aún usado (DNSCrypt), que cifra el DNS entre cliente y servidor. La herramienta `dnscrypt-proxy` puede actuar como cliente y reenviar consultas a servidores DNS cifrados.

- **DNSSEC**: firma criptográficamente los registros DNS. Garantiza la integridad (sin manipulación), pero no cifra las consultas en sí. A menudo se usa junto con lo anterior.

Resolvedor recursivo local (Unbound): En lugar de usar un resolvedor de terceros, puedes ejecutar tu propio resolvedor DNS en tu dispositivo o router. Así, tu dispositivo consulta *tu servidor Unbound local* (a menudo en 127.0.0.1), y Unbound obtiene la respuesta de forma recursiva desde los servidores raíz/autoritativos. Si Unbound está mal configurado (sin cifrado), tu ISP aún podría ver esas consultas (a menos que lo combines con DoT/DoH del cliente al servidor). Pero la ventaja es que puedes aplicar filtrado (bloquear anuncios/malware) y evitar depender de registros de terceros. Red Hat señala que "al usar tu propio resolvedor dejas de compartir tu tráfico DNS con terceros y aumentas la privacidad de tu DNS".

4.2 Ejemplos de DNS cifrado

Windows 11 (DNS sobre HTTPS): Windows 11 tiene compatibilidad integrada con DoH. En Configuración → Red e Internet → Wi-Fi (o Ethernet) → [tu adaptador] → Asignación del servidor DNS, puedes configurar el DNS y elegir "Solo cifrado (DNS sobre HTTPS)". Si tu proveedor de DNS (como Cloudflare o Quad9) está preconfigurado, selecciónalo. Caso contrario, puedes añadir un servidor DoH personalizado.

macOS: Las versiones más recientes de macOS (Big Sur y posteriores) admiten DNS sobre TLS (DoT) y DNS sobre HTTPS (DoH) de forma nativa mediante perfiles de configuración. Consulta la guía de tu proveedor de DNS, por ejemplo Quad9 (https://docs.quad9.net).

Android: En Android 9 y posteriores, ve a **Configuración → Red e Internet → Avanzado → DNS privado**. Introduce el nombre de host del proveedor de DNS (p. ej., `dns.google` para Google, `dns.quad9.net` para Quad9, `1dot1dot1dot1.cloudflare-dns.com` para Cloudflare) y guarda. Esto activa DoT para todas las apps.

iOS: En iOS 14+, Apple introdujo "Retransmisión privada de iCloud" para Safari (se trata más adelante). Para DNS, los iPhone usan por defecto el DNS de la red Wi-Fi o celular conectada. Puedes usar perfiles VPN o apps (como la app de AdGuard DNS) para configurar el DNS con servidores cifrados. No hay una interfaz del sistema integrada para DoT en iOS.

Linux: Herramientas como `systemd-resolved` admiten DoH/DoT, o puedes usar `dnscrypt-proxy` o `cloudflared`. Por ejemplo, para usar DoT de Cloudflare con `systemd-resolved`, añade a `/etc/systemd/resolved.conf`:

```
[Resolve]
DNS=1.1.1.1
FallbackDNS=1.0.0.1
DNSOverTLS=yes
```

Luego ejecuta `sudo systemctl restart systemd-resolved`. Ahora `/etc/resolv.conf` apunta a 127.0.0.53 (que es `systemd-resolved`), pero las consultas se envían cifradas a Cloudflare.

4.3 Comparación de proveedores de DNS

A continuación, se muestra una comparación de proveedores públicos de DNS populares con enfoque en privacidad, resumiendo sus características:

Servicio DNS	Direcciones IPv4	Resumen de privacidad y funciones
Cloudflare	1.1.1.1, 1.0.0.1	Admite DoH/DoT. Red global rápida, con bloqueo opcional de malware/contenido para adultos (1.1.1.2/1.1.1.3).
Quad9	9.9.9.9, 149.112.112.112	Bloquea dominios maliciosos conocidos. Admite DoH/DoT/DNSCrypt.
Google Public DNS	8.8.8.8, 8.8.4.4	Admite DoH. Fiable y rápido.
AdGuard DNS	94.140.14.14, 94.140.15.15	Bloqueo de anuncios (también modos de búsqueda segura). Admite DoH/DoT/DNSCrypt. Ofrece filtrado (anuncios/malware).
NextDNS	Varía	Registro configurable por el usuario, minimización de consultas. Filtrado

Servicio DNS	Direcciones IPv4	Resumen de privacidad y funciones
		amplio (anuncios, rastreadores, amenazas).
Mullvad DNS	193.138.219.74, 193.138.218.74	Ofrece bloqueo de contenido/anuncios. Gran privacidad, aunque a menor escala.
OpenDNS (Cisco)	208.67.222.222, 208.67.220.220	Orientado a empresas; filtros y controles parentales disponibles.
ControlD	Varía	Admite filtros y DoH/DoT/DoQ.

Notas sobre proveedores de DNS: Cloudflare y Quad9 suelen recomendarse para usuarios preocupados por la privacidad. La política de Cloudflare de eliminar registros rápidamente es sólida, pero ten en cuenta su jurisdicción en EE. UU. La estricta política de Quad9 de no registrar IP y su ubicación en Suiza resultan atractivas. AdGuard destaca por el bloqueo de anuncios integrado, útil para familias o para quienes quieren reducir el seguimiento. NextDNS es muy configurable y respeta la privacidad, pero requiere un poco más de configuración (usando su app de iOS/Android o entradas DNS manuales).

4.4 Unbound como resolvedor local

Ejecutar **Unbound** ofrece más control. En Linux/FreeBSD, Unbound puede servir como un resolvedor DNS recursivo con caché al que apuntas el DNS del sistema (127.0.0.1 por defecto). Entre las ventajas están la validación DNSSEC, la caché para mayor velocidad y la posibilidad de aplicar Response Policy Zones (RPZ) para bloquear dominios (p. ej., anuncios y rastreadores). Sin embargo, Unbound consultará por defecto a los servidores raíz en texto plano. Para cifrar esas consultas, puedes:

- Configurar reenviadores en Unbound para usar DoT/DoH del cliente al servidor (p. ej., Cloudflare o Quad9 sobre TLS).
- Usar la directiva `stub` (p. ej., `stub-zone:`) para servidores cifrados.

Ejemplo de instalación (Ubuntu):

```
sudo apt update
sudo apt install unbound -y
```

Ejemplo de configuración básica:

Edita `/etc/unbound/unbound.conf` (o crea un archivo en `/etc/unbound/conf.d/`):

```
server:
    interface: 127.0.0.1
    access-control: 127.0.0.1 allow
    root-hints: "/etc/unbound/root.hints"
    auto-trust-anchor-file: "/var/lib/unbound/root.key"

forward-zone:
    name: "."
    forward-addr: 1.1.1.1@853   # Cloudflare DoT
    forward-addr: 1.0.0.1@853   # Cloudflare secundario
    # Alternativamente, para Quad9:
    # forward-addr: 9.9.9.9@853
```

Esto indica a Unbound que escuche en localhost y reenvíe todo mediante Cloudflare cifrado. Tendrás que obtener un `root.hints` actualizado (`wget -O /etc/unbound/root.hints https://www.internic.net/domain/named.root`) y ejecutar `unbound-anchor` para obtener `root.key` para DNSSEC. Luego inicia Unbound: `sudo systemctl enable unbound && sudo systemctl start unbound`.

Pruébalo:

```
dig example.com @127.0.0.1
```

Busca `SERVER: 127.0.0.1#53` en la salida de dig. Si aparece `127.0.0.1#53`, Unbound respondió. En cambio, `dig example.com` (con el resolvedor por defecto) muestra `SERVER: 127.0.0.53#53` en Ubuntu, lo que indica que `systemd-resolved` está respondiendo.

Nota sobre privacidad: Como indica Red Hat, usar tu propio Unbound significa que, por defecto, no compartes DNS con Google/Cloudflare. Sin embargo, para protegerte del ISP, asegúrate de usar cifrado DNS para el upstream. También puedes ejecutar Unbound en tu router (si es compatible) para dar servicio a tu red doméstica.

4.5 dnscrypt-proxy y otras herramientas

La herramienta `dnscrypt-proxy` es otra forma de cifrar DNS. Puede actuar como un servidor DNS local, reenviando a proveedores DNSCrypt o DoH elegidos.

Instalación en Linux (p. ej., Ubuntu):

```
sudo apt install dnscrypt-proxy
```

Se instala en `/etc/dnscrypt-proxy/dnscrypt-proxy.toml`. Edita ese archivo para seleccionar servidores (como `'cloudflare'`, `'quad9-dnscrypt-ip4'`) y establece `listen_addresses = ['127.0.0.1:53']`. Luego:

```
sudo systemctl enable dnscrypt-proxy
sudo systemctl start dnscrypt-proxy
```

Ahora apunta el DNS de tu sistema a 127.0.0.1. `dnscrypt-proxy` cifrará las consultas (p. ej., al endpoint DNSCrypt de Cloudflare).

Aunque no cubriremos todas las variantes, la idea clave es: **cifra tu DNS**. Ya sea mediante ajustes del sistema operativo, el navegador (la opción DNS-over-HTTPS de Firefox) o proxies locales como `dnscrypt-proxy`, evitas que observadores en ruta conozcan tus consultas DNS. Esto mejora mucho la privacidad, ya que ni siquiera tu ISP puede saber qué sitios estás buscando.

5 Herramientas de privacidad del navegador y en línea

Después de asegurar la capa de red, debemos reforzar el endpoint: el navegador web o la app en la que pasas más tiempo. Los navegadores modernos tienen funciones de privacidad integradas y admiten extensiones. Aquí cubrimos estrategias generales y herramientas específicas de navegador.

5.1 Prevención de seguimiento y bloqueo de anuncios

La mayoría de los navegadores ahora incluyen funciones para bloquear rastreadores entre sitios y la toma de huellas digitales. Por ejemplo, **Safari** usa por defecto Intelligent Tracking Prevention (ITP). Oculta tu IP a los rastreadores y bloquea cookies de terceros conocidas. En el modo de Navegación privada, Safari va más allá: "Los rastreadores conocidos quedan completamente impedidos de cargarse en las páginas, y la protección contra el seguimiento de enlaces elimina el rastreo añadido a las URL mientras navegas".

Firefox ofrece **Protección mejorada contra el rastreo**, bloqueando rastreadores conocidos y criptomineros por defecto (normalmente, "Standard" bloquea rastreadores sociales y "Strict" bloquea más). Sus extensiones **Facebook Container** y **Multi-Account Containers** te permiten aislar sitios en contenedores separados, evitando el seguimiento entre sitios basado en cookies.

Bloqueadores de anuncios: Extensiones como uBlock Origin (plugin del navegador o a nivel de sistema) pueden bloquear anuncios, rastreadores e incluso scripts. Bloquear anuncios no es solo cuestión de velocidad/limpieza; también evita que se carguen muchos scripts de seguimiento. Por ejemplo, puedes usar **uBlock Origin** en Chrome/Firefox o usar el navegador **Brave**, que incorpora un bloqueo fuerte de anuncios y rastreadores.

Protección contra huellas digitales: Algunos navegadores (Firefox, Brave, Safari) intentan reducir la posibilidad de identificación por huella digital. Safari "presenta una configuración del sistema simplificada para que más dispositivos parezcan idénticos a los rastreadores". Brave y Firefox pueden bloquear o aleatorizar algunos identificadores (p. ej., bloqueo de huella de canvas en Brave Shields, Resist Fingerprinting en las opciones de privacidad de Firefox).

5.2 Navegación privada y contenedores

Usa el modo privado/incógnito para sesiones que no quieres que se guarden. Esto evita que el historial local y las cookies persistan. Sin embargo, ten en cuenta esto: el modo privado *no* oculta tu tráfico a observadores de la red (sigue estando tan expuesto como el modo normal). Principalmente ayuda en el mismo dispositivo.

Para separación a largo plazo, los **contenedores** del navegador (por ejemplo, la extensión Multi-Account Containers de Firefox) son excelentes. Puedes asignar identidades (contenedores) a distintos sitios (p. ej., trabajo vs. personal). Cada contenedor tiene su propio almacenamiento, así que las cookies de uno no se filtran a los demás. Esto impide, por ejemplo, que Facebook rastree tus visitas en otros sitios mediante cookies compartidas. Ejemplo de uso: Gmail en un contenedor, bancos en otro, redes sociales en un tercer contenedor.

5.3 Comparación de privacidad de navegadores

Un resumen rápido de navegadores populares y sus funciones de privacidad:

- **Safari (Apple):** Intelligent Tracking Prevention (ITP) por defecto; Informes de privacidad; *sandboxing*. La Navegación privada bloquea automáticamente las ventanas cuando están inactivas (requiere autenticación). La postura de Apple es firme en privacidad (también incluye Retransmisión privada integrada, similar a una VPN; véase el Capítulo 7).

- **Firefox (Mozilla):** Protección de rastreo sólida por defecto; código abierto; admite extensiones de privacidad. Los rastreadores sociales y entre sitios se bloquean por defecto. Los usuarios pueden ajustar el modo "Estricto" para bloquear más.

- **Brave:** Bloqueo integrado de anuncios y rastreadores (Brave Shields), aleatorización de huella digital, ventanas Tor integradas (basado en Chromium). Diseñado para priorizar la privacidad; también incluye Brave Firewall+VPN integrado en algunas plataformas.

- **DuckDuckGo Privacy Browser (móvil):** Se centra en la privacidad; bloquea rastreadores; usa DuckDuckGo como buscador por defecto; interfaz más sencilla.

- **Google Chrome y Microsoft Edge:** Por defecto, más permisivos; pero ambos tienen modo incógnito y DoH opcional. Se necesitan extensiones para más privacidad (como uBlock Origin, HTTPS Everywhere). Edge (Chromium) tiene algunos niveles de prevención de rastreo.

- **Tor Browser:** El más privado (basado en Firefox ESR). Enruta el tráfico a través de la red Tor (múltiples saltos). Protege contra la vigilancia de red y la huella digital por diseño (todos los usuarios parecen idénticos). Su principal inconveniente es la velocidad y algunas incompatibilidades con sitios web.

No podemos listar todos los navegadores, pero como regla: usa un navegador que permita bloquear rastreadores fácilmente y se actualice con frecuencia. Para el día a día, Firefox o Brave son buenas opciones; usa Tor Browser si necesitas alto anonimato (por ejemplo, para eludir la censura).

5.4 Configuraciones seguras del navegador

A continuación, algunos consejos de configuración segura del navegador, independientemente del que elijas:

- Usa HTTPS en todas partes. Muchos navegadores ya usan HTTPS por defecto o tienen modo "Solo HTTPS" (Firefox). La extensión **HTTPS Everywhere** (de EFF) puede forzar HTTPS cuando esté disponible.

- Desactiva fugas de WebRTC. Los navegadores con WebRTC (Chrome, Firefox, Edge) pueden filtrar tu IP real en ciertas condiciones. Extensiones o ajustes para desactivar WebRTC (p. ej., en Firefox `media.peerconnection.enabled` = `false` en `about:config`) ayudan a evitar esa fuga.

- Activa "No rastrear" (aunque la mayoría de los rastreadores lo ignoran). Más importante: usa uBlock Origin o bloqueadores de contenido integrados.

- Evita instalar muchas extensiones (cada una añade superficie de ataque). Quédate con las más conocidas y mantenlas actualizadas.

- Desactiva el autocompletado/guardado de contraseñas en el navegador si usas un gestor de contraseñas dedicado (por higiene de seguridad).

5.5 Ejemplo: habilitar DoH en Firefox

Como guía práctica paso a paso, así puedes habilitar DNS-over-HTTPS en Firefox (multiplataforma):

1. Abre **Configuración → General → Configuración de red** (al final de la página).
2. Haz clic en **Configuración...** junto a **Configuración de red**.
3. Desplázate hacia abajo y marca **Habilitar DNS sobre HTTPS**.
4. Elige un proveedor (Cloudflare por defecto) o introduce uno personalizado.
5. Haz clic en **Aceptar**.

Ahora Firefox enviará DNS mediante HTTPS, independientemente del DNS del sistema. Puedes verificarlo en `about:networking#dns` (Firefox 98+) o en

about:debugging#/runtime/this-firefox en versiones
anteriores.

6 Configuración de privacidad del sistema operativo y del dispositivo

Más allá de las apps y las redes, el sistema operativo de tu dispositivo tiene controles de privacidad integrados. Cubrimos ajustes clave en Windows, macOS, Android e iOS, así como ciertas extensiones del navegador y herramientas a nivel de sistema.

6.1 Privacidad en Windows

Ajustes de Windows 11/10:

- **Ajustes de privacidad y seguridad:** Ve a **Configuración → Privacidad y seguridad** para configurar ajustes de seguridad y permisos de Windows/apps. Por ejemplo, en **Permisos de Windows → General**, puedes desactivar opciones como "Permitir que las apps muestren anuncios personalizados usando mi ID de publicidad".

- **Permisos:** En **Privacidad y seguridad → Permisos de la aplicación**, controla qué apps pueden acceder a cámara, micrófono, ubicación, etcétera. Solo permite lo esencial.

- **Servicios de ubicación:** Desactiva la ubicación si no la necesitas, o limítala a ciertas apps.

- **Diagnóstico y telemetría:** En **Configuración → Privacidad y seguridad → Diagnóstico y comentarios**, configura los datos de diagnóstico como

"Requeridos" solamente y desactiva las experiencias personalizadas. (En entornos empresariales puede haber más control mediante directivas de grupo).

- **Limitar el intercambio de datos con Microsoft:** Desactiva el envío de datos adicionales de uso de productos de Microsoft.

- **Firewall y VPN de Windows:** Asegúrate de que el firewall integrado esté activado. También se puede configurar una VPN integrada de Windows (SSTP, PPTP, IKEv2) en **Red e Internet → VPN** si no usas clientes de terceros.

- **BitLocker:** Activa el cifrado de disco completo con BitLocker para proteger los datos del equipo (**Configuración → Privacidad y seguridad → Cifrado del dispositivo**).

6.2 Privacidad en macOS

macOS tiene un modelo de seguridad sólido. Pasos clave:

- **Configuración del Sistema → Seguridad y privacidad:** En la pestaña Privacidad, revisa **Servicios de localización, Contactos, Calendarios, Cámara, Micrófono, Acceso total al disco, Grabación de pantalla**, etcétera. Concede a cada app solo lo que necesita.

- **Seguridad de Safari:** En las preferencias de Safari, activa **Advertencia de sitios web fraudulentos**, bloquea **ventanas emergentes/anuncios**, etcétera.

- **FileVault:** Activa FileVault (cifrado de disco completo) para proteger los datos en reposo.

- **Gatekeeper y actualizaciones:** Mantén macOS actualizado. En **Seguridad y privacidad → General**, permite solo **App Store** o **App Store y desarrolladores identificados**.

- **Firewall:** Activa el firewall de macOS (**Seguridad y privacidad → Firewall**). La opción **Modo sigiloso** oculta tu Mac ante sondeos.

6.3 Privacidad en Android

Android ha mejorado la privacidad en versiones recientes:

- **Permisos:** En **Configuración → Privacidad → Administrador de permisos**, revisa el uso por permiso (Ubicación, Cámara, etcétera). Revoca lo que no quieras.

- **Servicios de ubicación:** Puedes permitir ubicación solo mientras la app está en uso, o desactivarla a nivel del sistema.

- **Actividad en segundo plano: Configuración → Apps → Ver todas → [app] → Batería**: restringe el uso en segundo plano para apps que no lo necesitan.

- **DNS privado:** Como se explicó antes en este libro, configura **DNS privado** con un resolvedor cifrado (**Configuración → Red e Internet → Avanzado → DNS privado**).

- **Notificaciones en pantalla de bloqueo:** Limita lo que se muestra en la pantalla de bloqueo cuando el dispositivo está bloqueado.

- **Servicios de Google:** En los ajustes de Google (Cuentas), desactiva la personalización de anuncios y **Permitir uso y diagnósticos** para Google.

- **Android 14+:** El **Panel de privacidad** muestra con qué frecuencia las apps acceden a datos sensibles. Úsalo para detectar comportamientos inusuales. También están surgiendo funciones de **Privacy Sandbox** (alternativas a FLoC, etcétera).

6.4 Privacidad en iOS

iOS es conocido por controles granulares:

- **Configuración → Privacidad y seguridad:** Revisa cada categoría (**Servicios de localización, Contactos, Fotos, Micrófono**, etcétera) y desactiva accesos no deseados.

- **Rastreadores:** En **Configuración → Privacidad y seguridad → Seguimiento**, desactiva **Permitir que las apps soliciten rastrearte** para detener solicitudes de seguimiento.

- **Safari:** En **Configuración → (Apps →) Safari**, activa **Evitar seguimiento entre sitios** y **Ocultar dirección IP** (desde iOS 14). Consulta también **Informe de privacidad** para ver rastreadores bloqueados.

- **Informe de privacidad de apps:** iOS 15+ puede generar un informe que muestra acceso a sensores/red de las apps (**Configuración** → **Privacidad y seguridad** → **Informe de privacidad de apps**). Actívalo para auditar apps.

- **Servicios de ubicación:** En **Privacidad y seguridad** → **Servicios de localización**, puedes configurar opciones según tus necesidades, como permisos para apps y servicios del sistema.

- **Analíticas y mejoras:** Ve a **Privacidad y seguridad** → **Análisis y mejoras** para configurar si quieres compartir analíticas del iPhone y opciones como **Mejorar Siri y Dictado**.

Retransmisión privada de iCloud: Si tienes iCloud+ (hoy parte de Apple One, etcétera), puedes usar **Retransmisión privada (Configuración** → **[Tu nombre]** → **iCloud** → **Retransmisión privada**). Esto cifra el tráfico de Safari retransmitiéndolo a través de dos servidores: uno conoce tu IP y el otro conoce el destino, así que ninguna parte conoce ambas cosas. (Lo cubrimos en detalle en el siguiente capítulo.)

6.5 Extensiones y utilidades del navegador

Además de los ajustes de privacidad del sistema operativo y del dispositivo, puedes mejorar aún más tu privacidad con extensiones del navegador y herramientas a nivel de sistema:

- **Apps de VPN:** Ya lo cubrimos en capítulos anteriores. En el móvil, instala la app de tu VPN para conectarte y enrutar el tráfico a través de la VPN.

- **AdGuard (a nivel de app):** En el móvil, AdGuard tiene apps (Android, iOS) que ofrecen filtrado DNS a nivel de sistema (usando una técnica de VPN local). Aplican DNS cifrado, bloquean anuncios y pueden filtrar rastreadores incluso fuera del navegador.

- **Gestor de contraseñas:** Aunque no se cubre en profundidad aquí, usar un gestor de contraseñas (como Bitwarden o 1Password) puede mejorar la seguridad. iOS y Android permiten integración con el autocompletado del sistema. Algunos navegadores, como Google Chrome, tienen funciones de "monitorización de contraseñas" que pueden alertarte si alguna de tus contraseñas guardadas aparece en una filtración.

- **Autenticador de dos factores:** Usa una app de autenticación (Authy, Google Authenticator) en lugar de SMS para 2FA. Esto no protege directamente el tráfico de red, pero puede ser una parte clave de la higiene general de seguridad.

7 Retransmisión privada de iCloud de Apple

Con iOS 15/macOS Monterey, Apple introdujo **Retransmisión privada de iCloud** para Safari. Para entender cómo se compara con las herramientas tradicionales:

- **Qué hace:** En Safari, tras activar Retransmisión privada de iCloud, tu DNS y el tráfico web se cifran y se envían a través de *dos retransmisores* operados por dos entidades distintas. El primer retransmisor (operado por Apple) conoce tu IP, pero asigna una IP temporal y aleatoria. El segundo retransmisor (CDN asociada) conoce el sitio que visitas, pero solo ve una IP oculta (la de Apple). Esto garantiza que *ninguna entidad pueda ver a la vez quién eres y cuál es tu destino*. Oculta tu IP a los sitios web (ven una IP de retransmisión) y oculta el contenido de tu navegación a tu proveedor de internet (ISP). Las consultas DNS también se cifran y se envían mediante proxy.

- **Limitaciones:** La Retransmisión privada solo funciona en Safari (y en ciertas apps que usan la pila de red del sistema, p. ej., Weather). *No* gestiona el tráfico de otros navegadores o apps. Requiere una suscripción a iCloud+. También puede no funcionar con DNS personalizado o en ciertas redes, a menos que actives "Limitar el seguimiento de direcciones IP" en redes Wi-Fi o móviles (como se muestra en la guía de Apple). Se aplican restricciones regionales (no está disponible en todas partes).

- **Perfil de privacidad:** Es algo parecido a una VPN ligera solo para Safari. Como Apple exige que cada retransmisor sea operado por una empresa distinta, ni siquiera Apple puede ver ambos extremos. En palabras de Apple, "ninguna entidad (ni siquiera Apple o tu proveedor de red) puede asociar una dirección IP con un sitio web". Si lo permites, los sitios web solo ven una ubicación genérica (país/zona horaria).

Este capítulo profundiza en Retransmisión privada de iCloud: objetivos de diseño, modelo de privacidad, limitaciones, configuración práctica en iPhone/iPad y Mac, y solución de problemas. Obtendrás instrucciones paso a paso y comprobaciones para verificar si la Retransmisión privada está activa.

7.1 Descripción general: ¿Qué es la Retransmisión privada de iCloud?

La Retransmisión privada de iCloud de Apple es una función de privacidad para suscriptores de iCloud+ que busca ocultar tu navegación web en Safari (y algunas búsquedas DNS del sistema) de los observadores de red. Su idea central es la **confianza dividida**: el tráfico se enruta a través de dos retransmisores separados para que ninguna parte pueda ver a la vez quién eres y qué sitios web visitas.

- **Retransmisor de entrada (Apple):** ve la dirección IP del usuario, pero no el nombre de host de destino (el contenido de la solicitud está cifrado).

- **Retransmisor de salida (CDN asociadas):** ve el destino del sitio web, pero solo recibe una IP temporal, apropiada para la región, que no identifica al usuario.

Este diseño significa:

- Apple no puede vincular tu IP real con tu destino de navegación.

- Tu ISP o red local no puede leer el DNS ni el destino completo de tu tráfico de Safari.

- No ofrece la misma cobertura que una VPN para todo el dispositivo: la Retransmisión privada protege principalmente el tráfico de Safari.

7.2 Beneficios y concesiones

Beneficios:

- Fácil de activar: integrado en iOS/macOS para usuarios de iCloud+ (un solo interruptor).

- Sin configuración por app: funciona automáticamente para Safari y ciertas búsquedas del resolvedor del sistema.

- Modelo de confianza dividida: ningún operador de red (ni siquiera Apple) ve tu identidad en relación con tus destinos.

- Cifra el DNS y el tráfico de Safari: protege la navegación frente al espionaje en la red local (p. ej., Wi-Fi pública).

Contras / limitaciones:

- Solo cubre Safari (y parte del DNS del sistema). El tráfico de otros navegadores o apps no se retransmite automáticamente.

- Sin selección de servidor (no puedes elegir IP de salida por país como con una VPN).

- No es un sustituto directo de una VPN o de Tor cuando se requiere cobertura total del dispositivo o el máximo anonimato.

- No está disponible en algunas redes administradas/cautivas o en ciertos países/entornos regulatorios.

7.3 ¿Quién debería usar la Retransmisión privada?

La Retransmisión privada de iCloud puede ser adecuada para:

- Usuarios cotidianos de Apple que quieren una función conveniente que mejore la privacidad al navegar por la web.

- Personas que quieren ocultar su navegación en Safari de redes locales e ISP sin instalar apps de terceros.

- Usuarios que prefieren una arquitectura de confianza dividida en lugar de confiar todo su tráfico a un único proveedor de VPN.

No es ideal para:

- Usuarios que necesitan enrutar todo el tráfico de apps a través de una ubicación de terceros (p. ej., para acceder a servicios bloqueados por región usando otro país).

- Usuarios que requieren alto anonimato frente a adversarios: para eso, usa Tor.

7.4 Requisitos previos y compatibilidad

Antes de configurar la Retransmisión privada:

1. Debes tener una suscripción a iCloud+ con el Apple ID que usas en el dispositivo.

2. Actualiza a una versión compatible del sistema operativo:

   - iOS/iPadOS: versiones recientes (en iOS 15+ el comportamiento ha mejorado; usa la versión estable más reciente).

   - macOS: Monterey o posterior (con los últimos parches) para una mejor compatibilidad.

3. La Retransmisión privada puede no estar disponible en ciertas redes, regiones o dispositivos administrados (perfiles MDM/gestión empresarial).

7.5 Activar y configurar la Retransmisión privada en iPhone/iPad

1. Abre Configuración → toca tu Apple ID (tu nombre) → iCloud.

2. Toca Retransmisión privada.

3. Activa Retransmisión privada.

4. Junto al interruptor, puedes configurar la opción Ubicación de la dirección IP:

   - Mantener ubicación general, o
   - Usar país y zona horaria

5. Opcionalmente, configura el comportamiento por red:

   o Abre Configuración → Wi-Fi → (toca ⓘ junto a una red) → activa/desactiva **Limitar el seguimiento de direcciones IP**. Esto habilita o deshabilita la Retransmisión privada para esa red Wi-Fi específica.

Notas:

Si intentas activar Retransmisión privada y aparece "No disponible", consulta la sección de solución de problemas más abajo.

Si tienes una VPN para todo el dispositivo activa, es posible que la Retransmisión privada se desactive o no funcione como se espera, para evitar conflictos entre tecnologías de tunelización.

7.6 Activar y configurar la Retransmisión privada en macOS

1. Abre Configuración del sistema (menú Apple → Configuración del sistema) → haz clic en tu Apple ID → iCloud.

2. Busca Retransmisión privada y actívala.

3. Configura las preferencias de Ubicación de la dirección IP (mismas opciones que en iOS).

4. Para configurar el comportamiento por red: abre Configuración del sistema → Red → Wi-Fi → Detalles de la red → **Limitar el seguimiento de direcciones IP** (activar/desactivar).

Notas:

La Retransmisión privada de iCloud afecta la navegación en Safari en macOS. Las herramientas de la CLI (Terminal, `curl`, etcétera) por lo general no usan la Retransmisión privada; pueden usar la pila de red del sistema, pero es posible que no se enruten por el relay del mismo modo que Safari.

7.7 Cómo verificar que la Retransmisión privada está activa

A continuación, algunas comprobaciones prácticas para confirmar que la Retransmisión privada funciona en Safari:

Estado visual en Ajustes (comprobación rápida)

- iPhone: Configuración → Apple ID → iCloud → Retransmisión privada muestra Activado o Desactivado.

- macOS: Configuración del sistema → Apple ID → iCloud → Retransmisión privada muestra el estado.

Usa Safari y comprueba tu IP con un servicio web

- Abre Safari y visita un sitio público de "cuál es mi IP" (p. ej., https://ipchicken.com o http://ipv4.icanhazip.com).

- Si la Retransmisión privada está activada, la IP pública mostrada debería ser distinta a la IP asignada por tu ISP.

Nota importante: como la Retransmisión privada apunta específicamente a Safari (y a parte del DNS del sistema), estas pruebas deben hacerse en Safari. Usar otros navegadores, o ejecutar `curl http://ipv4.icanhazip.com` desde Terminal en macOS, puede mostrar tu IP real.

7.8 Solución de problemas de la Retransmisión privada

Si la Retransmisión privada no parece funcionar o aparece "No disponible":

1. Confirma la suscripción a iCloud+ y el Apple ID. Ve a Configuración → Apple ID → iCloud y verifica que has iniciado sesión con el mismo Apple ID y que iCloud+ está activo.

2. Comprueba la versión del sistema operativo. Actualiza a la versión más reciente de iOS/iPadOS/macOS para asegurar compatibilidad.

3. Desactiva herramientas de red en conflicto:

   - Los clientes de VPN (para todo el dispositivo) a menudo desactivan la Retransmisión privada: apaga tu VPN temporalmente para probar.

   - Proxies DNS locales o herramientas de captura de paquetes podrían interferir.

4. Restricciones de red: algunas redes (gestionadas, portales cautivos o ciertos ISP) bloquean la Retransmisión privada. Prueba otra red Wi-Fi o la red móvil.

5. Revisa MDM/perfiles: los dispositivos administrados por una organización (MDM) pueden tener ajustes o restricciones que impidan la Retransmisión privada.

6. Desactiva y vuelve a activar: a veces, volver a autenticar la cuenta de iCloud o apagar/encender la función corrige problemas transitorios. También puedes reiniciar el dispositivo.

7.9 Avanzado: interacción con VPN, DNS y navegadores

Retransmisión privada de iCloud vs. VPN para todo el dispositivo: si una VPN para todo el dispositivo está activa, la Retransmisión privada puede desactivarse, o su tráfico puede enrutarse a través de la VPN según el comportamiento del sistema operativo. En iOS, el sistema tiende a favorecer un único túnel de red activo. Para una protección predecible de todo el dispositivo, suele ser preferible una VPN.

Configuraciones de DNS: si configuraste DNS privado o ajustes de resolvedor personalizados, es posible que la Retransmisión privada no pueda enrutar el DNS como se espera para Safari. En particular, algunos DNS personalizados o filtrados locales pueden entrar en conflicto con su funcionamiento.

Múltiples navegadores: la Retransmisión privada de iCloud protege Safari. Si usas Chrome o Firefox, considera sus opciones de DoH/DoT y/o una VPN para cobertura de todo el dispositivo.

7.10 Análisis de privacidad y seguridad de la Retransmisión privada

Puntos fuertes:

- Elimina el punto único de fallo de confidencialidad (ninguna entidad ve tanto la identidad del usuario como el destino).

- Integración por defecto: Apple gestiona la infraestructura y la experiencia, facilitando que usuarios no técnicos mejoren la privacidad sin configurar herramientas más complejas.

Riesgos restantes:

- Los retransmisores (entrada/salida) aún ven datos parciales (IP o destino). En teoría, adversarios con control legal o técnico sobre ambos retransmisores podrían correlacionar datos. La arquitectura de Apple afirma independencia entre los dos operadores.

- La cobertura está limitada a Safari; las apps aún pueden filtrar datos por otros canales (cookies, inicios de sesión, analíticas).

- La política y la implementación técnica de Apple pueden cambiar; conviene estar al tanto de las declaraciones de privacidad de Apple y de auditorías de terceros (si las hay).

7.11 Consejos prácticos y configuraciones recomendadas

- Usa la Retransmisión privada de iCloud para la navegación diaria en Safari y combínala con una buena higiene del navegador: usa un gestor de contraseñas (p. ej., Llavero de iCloud), usa bloqueadores de rastreadores y, cuando lo desees, utiliza motores de búsqueda que respeten la privacidad.

- Si necesitas protección para todo el dispositivo (todas las apps), elige una VPN confiable con una política clara de "no registros" (idealmente auditada) y prefiere protocolos modernos (WireGuard u OpenVPN). Como alternativa, puedes crear tu propia VPN. Consulta el Capítulo 3 para más detalles.

- No dependas solo de la Retransmisión privada si necesitas un alto nivel de anonimato: combínala con Tor o cámbiate a Tor cuando sea necesario.

- Rendimiento: si un sitio requiere contenido específico de la ubicación (p. ej., noticias locales), configura la ubicación IP de la Retransmisión privada en "Mantener ubicación general". Si quieres un mayor grado de ofuscación de ubicación, elige "Usar país y zona horaria".

- Al solucionar problemas de conectividad: desactiva temporalmente VPN, DNS personalizado, proxies de bloqueo de anuncios y perfiles de red para aislar el problema.

7.12 Preguntas frecuentes: respuestas rápidas

P: ¿La Retransmisión privada oculta mi navegación a Apple?
R: No del todo: el retransmisor de entrada de Apple ve la IP de origen, pero no el destino; un operador de salida independiente ve el destino, pero no el origen. El modelo de confianza dividida está diseñado para que Apple no pueda ver ambos a la vez.

P: ¿La Retransmisión privada funciona en Wi-Fi y red móvil?
R: Sí (si tu operador/red no lo bloquea y tu suscripción a iCloud+ está activa).

P: ¿La Retransmisión privada ralentizará la navegación?

R: Normalmente no de forma notable al navegar por la web, pero puede añadir latencia frente a conexiones directas. Tor suele ser más lento; algunas VPN pueden ser más rápidas o más lentas según el protocolo/servidor.

P: ¿Puedo usar la Retransmisión privada y una VPN al mismo tiempo?

R: En la mayoría de los casos, las VPN a nivel de sistema anulan o deshabilitan la Retransmisión privada. El comportamiento puede variar; prueba y elige la herramienta que mejor se adapte a tus necesidades de cobertura.

P: ¿La Retransmisión privada está disponible en todo el mundo?

R: Está ampliamente disponible, pero puede estar restringida o deshabilitada en ciertas regiones o en redes corporativas administradas.

7.13 Notas finales

La Retransmisión privada de iCloud de Apple es una herramienta de privacidad bien pensada y fácil de usar que eleva la privacidad base de millones de usuarios de Safari. Su arquitectura de doble retransmisor es especialmente atractiva para quienes prefieren no depositar toda su confianza en un único operador de VPN, y para quienes quieren una mejora de privacidad sin fricción y sin instalar software de terceros. Sin embargo, la Retransmisión privada no sustituye por completo a una VPN. Úsala para una navegación cotidiana más segura en dispositivos Apple y combínala con una VPN del sistema para el resto del tráfico o cuando necesites mayor anonimato.

8 Tor: descripción general, configuración y uso práctico

Este capítulo explica qué es Tor, cómo funciona el enrutamiento cebolla y cuáles son los casos de uso y límites comunes. Ofrece tutoriales paso a paso para instalar y usar el Navegador Tor específicos para cada plataforma, (Windows, macOS, Linux, Android, iOS), explica cómo configurar y usar puentes y transportes enchufables (p. ej., obfs4) y, para usuarios avanzados, cómo publicar un servicio onion sencillo.

Nota: Tor ofrece propiedades de anonimato sólidas cuando se usa correctamente, pero ningún sistema ofrece anonimato perfecto. Tor protege los metadatos de enrutamiento por diseño; las filtraciones a nivel de aplicación (p. ej., iniciar sesión en una cuenta personal) pueden desanonimizarte. Mantén siempre actualizado el Navegador Tor y sigue los pasos de refuerzo recomendados. Para recursos oficiales de Tor, descargas y documentación, consulta el Proyecto Tor.

8.1 ¿Qué es Tor?

Tor (The Onion Router) es una red superpuesta gratuita, operada por voluntarios, que ayuda a preservar el anonimato en línea al enrutar el tráfico a través de una serie de retransmisores cifrados, de modo que ningún retransmisor individual conozca a la vez el origen y el destino de un flujo. Tor es desarrollado y distribuido por el Proyecto Tor y se usa ampliamente para privacidad, elusión de censura, investigación segura y otros usos legítimos.

- **Cómo funciona Tor (breve):** Tu cliente Tor elige una ruta aleatoria de (normalmente) tres retransmisores: un nodo de entrada (guardia), un nodo intermedio y un nodo de salida. Cada salto solo conoce a su predecesor y a su sucesor. Los datos se cifran en capas ("capas cebolla"); cada retransmisor elimina una capa y reenvía el resto, de modo que ningún nodo ve simultáneamente la IP de origen y el destino.

- **Propiedades clave:** ayuda a ocultar a tu ISP qué sitios visitas; ayuda a ocultar tu IP a los sitios de destino; proporciona acceso a servicios .onion (ocultos) a los que solo se puede acceder dentro de la red Tor.

Para más información sobre el Proyecto Tor (p. ej., qué es Tor y por qué existe), consulta el sitio web del Proyecto Tor (https://www.torproject.org).

8.2 Cuándo usar Tor: beneficios y límites

- **Usa Tor cuando:** necesites un anonimato fuerte (activistas, periodistas, investigadores en entornos represivos), para sortear la censura de red o para acceder a servicios onion.

- **No cuentes con Tor para:** tareas de alto ancho de banda (descargas grandes o streaming de vídeo en HD; Tor es lento comparado con conexiones directas), ni para proteger datos después de iniciar sesión en cuentas identificables (p. ej., tu cuenta personal de Google). Tor oculta el enrutamiento, no el contenido que entregas a un sitio al autenticarte.

- **Recordatorio del modelo de amenazas:** Tor protege el anonimato a nivel de enrutamiento. Un endpoint comprometido (malware), la huella digital del navegador o sesiones de inicio de sesión que te vinculen con tu identidad real pueden acabar con el anonimato.

Para una comparación entre Tor, Retransmisión privada y VPN, y para ayudar a decidir qué herramienta es adecuada para tus objetivos, consulta el Capítulo 9: Retransmisión privada vs. VPN y Tor.

8.3 Navegador Tor: instalación y primeros pasos

8.3.1 Obtener el Navegador Tor

Fuente oficial: Descarga siempre el Navegador Tor desde el sitio web del Proyecto Tor para evitar compilaciones manipuladas. Las descargas y firmas oficiales están en la página de descargas del Proyecto Tor.

8.3.2 Windows: instalación GUI y primera ejecución

1. Abre tu navegador y ve a `https://www.torproject.org/download/`. Verifica sumas de comprobación/firmas si te es posible.

2. Haz clic en **Descargar para Windows**, guarda y ejecuta el instalador.

3. Sigue el asistente de instalación, elige la ubicación y luego haz clic en **Finalizar** al terminar.

4. Abre el Navegador Tor desde el Menú Inicio. En el primer inicio, Tor Browser muestra una pantalla de **Conectar** (o la opción **Configurar** si estás detrás de una red restrictiva o necesitas puentes).

5. Haz clic en **Conectar** para conectarte automáticamente a la red Tor; o haz clic en **Configurar** para configurar puentes/transportes enchufables si tu red bloquea Tor. (Consulta la sección de Puentes más abajo).

Nota para usuarios avanzados (Windows WSL / administradores de sistemas): El Navegador Tor está pensado para usarse mediante su interfaz gráfica. Si necesitas un daemon Tor a nivel de sistema en Windows para aplicaciones que admitan proxies SOCKS, puedes ejecutar una compilación de Windows de `tor` (avanzado), pero sigue las instrucciones del Proyecto Tor sobre firmas y configuración segura. Para navegación web, prefiere siempre el paquete del Navegador Tor.

8.3.3 macOS

1. Visita la página de descargas del Proyecto Tor y obtén la versión para macOS.

2. Abre el archivo `.dmg` descargado y arrastra **Tor Browser.app** a `/Aplicaciones`.

3. Abre **Tor Browser.app** (puede que tengas que permitir la app en Seguridad y Privacidad en el primer inicio). Usa las mismas opciones **Conectar / Configurar** descritas arriba.

8.3.4 Linux (ejemplo Ubuntu/Debian)

Opción 1: Paquete GUI (recomendado): descarga `tor-browser-linux64-*.tar.xz` desde el Proyecto Tor, extrae y ejecuta `start-tor-browser.desktop`. Ejemplo:

```
# Ejemplo: extraer e iniciar el Navegador Tor
# en el espacio de usuario
tar -xvf tor-browser-linux64-*.tar.xz
cd tor-browser_en-US
./start-tor-browser.desktop
```

Opción 2: `torbrowser-launcher` (Ubuntu): un ayudante que descarga y configura Tor Browser por ti:

```
sudo apt update
sudo apt install torbrowser-launcher
torbrowser-launcher
```

Nota: `torbrowser-launcher` descarga el paquete oficial del Navegador Tor y verifica firmas. Confirma el origen del paquete y la firma antes de instalar.

8.3.5 Android

Tor Browser para Android es una app oficial disponible en Google Play y como APK desde el Proyecto Tor. Usa el listado de Play Store para instalarlo o descarga el APK desde el sitio del Proyecto Tor.

8.3.6 iOS

Al momento de escribir esto, no existe un Navegador Tor oficial para iOS. El Proyecto Tor recomienda apps de iOS como **Onion Browser** y **Orbot** para acceder a Tor en iOS. Como Apple exige que los navegadores en iOS usen WebKit, las apps de navegador en iOS no pueden implementar las mismas protecciones de privacidad que Tor Browser en escritorio. Consulta la guía del Proyecto Tor para iOS.

8.4 Puentes y transportes enchufables

Cuando una red (ISP, cortafuegos nacional) bloquea el acceso a la red Tor, puedes usar **puentes** y **transportes enchufables** para ocultar el tráfico de Tor y conectarte. Tor ofrece varias opciones de transporte (obfs4 es la más común). La configuración de conexión del Navegador Tor incluye un selector de "Usar un puente" y opciones para introducir líneas de puente.

8.4.1 Puentes: paso a paso (Navegador Tor)

1. Abre el Navegador Tor → haz clic en **Configurar** en el diálogo inicial de conexión (o abre Preferencias → Tor → Configuración de conexión).

2. Selecciona **Sí** cuando se te pregunte si tu conexión está censurada.

3. Elige **Usar un puente**. Selecciona entre los tipos disponibles:

   - **obfs4:** el transporte enchufable más recomendado para la elusión de censura.

- ○ **meek:** disfraza el tráfico como solicitudes CDN/HTTPS (útil cuando obfs4 está bloqueado o cuando necesitas un comportamiento similar a domain-fronting).

4. Selecciona "Solicitar un puente de torproject.org" (Tor intentará obtener puentes) o **obtén una línea de puente** desde la página de solicitud de puentes del Proyecto Tor, por correo electrónico o desde los canales de distribución de puentes del Proyecto Tor, y pega la cadena del puente en el cuadro.

5. Haz clic en **Conectar**. Si ese puente falla, prueba otra línea de puente o transporte.

8.4.2 Avanzado: Uso de obfs4proxy con Tor como servicio del sistema

Solo para usuarios avanzados: si ejecutas tor como daemon del sistema y quieres usar obfs4, confirma que obfs4proxy esté instalado y añade líneas de puente al archivo torrc. Ejemplo:

```
# Ejemplo de entradas en torrc (sistema /etc/tor/torrc)
ClientTransportPlugin obfs4 exec /usr/bin/obfs4proxy
Bridge obfs4 <bridge_address> <bridge_fingerprint> cert=<cert> iat-mode=0
UseBridges 1
```

Después de editar torrc, recarga o reinicia Tor:

```
sudo systemctl restart tor
sudo journalctl -u tor -f
```

Nota: Usa únicamente puentes que obtengas a través de canales de distribución oficiales.

8.5 Fortalecimiento del Navegador Tor y mejores prácticas

- **Usa siempre el paquete del Navegador Tor para navegar, no navegadores normales configurados para usar Tor:** el Navegador Tor incluye múltiples parches de refuerzo y funciones de privacidad (resistencia a la toma de huellas digitales, aislamiento de recursos propios y de terceros, políticas HTTPS-First, etcétera).

- **Bloquea complementos y ayudantes externos:** no instales complementos del navegador (Flash, Java o extensiones arbitrarias) en el Navegador Tor; pueden filtrar datos o anular las protecciones.

- **Desactiva scripts solo si es necesario:** el Navegador Tor incluye opciones del control deslizante de seguridad. JavaScript aumenta la funcionalidad, pero también puede aumentar la superficie de huella. Usa el control deslizante de **Nivel de seguridad** para aumentar las protecciones (en el nivel más alto se desactiva JavaScript).

- **Ten cuidado con las descargas:** abrir archivos descargados (PDF, documentos de Office) fuera del Navegador Tor puede invocar ayudantes externos que se conectan fuera de Tor y filtran tu IP real. Si debes manejar un archivo, ábrelo en un entorno aislado (una VM desechable o Tails) y, cuando sea posible, prefiere "ver en el navegador".

- **Usa puentes con transportes enchufables para evitar la censura local.**

- **Mantén actualizado el Navegador Tor.** El Proyecto Tor publica periódicamente actualizaciones y correcciones de seguridad.

8.6 Tails: sistema operativo en vivo que incluye Tor por defecto

Si necesitas un entorno desechable y centrado en la privacidad, considera Tails (The Amnesic Incognito Live System), una distribución Linux en vivo que enruta todo el tráfico de red a través de Tor y no conserva datos a menos que se configure explícitamente. Tails es útil en entornos de alto riesgo y para abrir archivos sensibles en una sesión aislada. Consulta el sitio web de Tails (https://tails.net) para instrucciones de descarga e instalación.

8.7 Avanzado: Ejecutar un servicio onion (oculto)

Los usuarios avanzados pueden ejecutar un servicio onion (oculto). Los servicios onion permiten alojar servicios accesibles solo dentro de la red Tor (direcciones que terminan en `.onion`). Este ejemplo muestra un servicio onion HTTP mínimo en Linux.

Qué vas a alojar (ejemplo)

- Un pequeño sitio estático servido por `nginx` en localhost, puerto `8080`.

- Un servicio oculto de Tor que asigna un nombre de host onion a este puerto local.

Instalar Tor y nginx (ejemplo Debian/Ubuntu)

```
sudo apt update
sudo apt install tor nginx -y
```

Configurar tu servicio onion (editar torrc)

Añade al final de /etc/tor/torrc:

```
HiddenServiceDir /var/lib/tor/hidden_service/
HiddenServiceVersion 3
HiddenServicePort 80 127.0.0.1:8080
```

- Tor creará `HiddenServiceDir`, y contendrá `hostname` (tu `.onion`) y archivos de clave privada.
- `HiddenServiceVersion 3` selecciona direcciones onion v3 modernas (más seguras que v2). Hoy en día, usa siempre v3.

Reinicia Tor:

```
sudo systemctl restart tor
sudo journalctl -u tor -f
```

Configurar nginx (ejemplo)

Crea /etc/nginx/sites-available/tor-site:

```
server {
    listen 127.0.0.1:8080;
    server_name localhost;

    location / {
        root /var/www/tor-site;
```

```
      index index.html;
  }
}
```

Habilita e inicia nginx:

```
sudo mkdir -p /var/www/tor-site
echo "<h1>Hello from Tor hidden service</h1>" \
  | sudo tee /var/www/tor-site/index.html
sudo ln -s /etc/nginx/sites-available/tor-site \
  /etc/nginx/sites-enabled/
sudo systemctl restart nginx
```

Obtener tu nombre de host onion

Después de que Tor cree el directorio del servicio oculto, lee el hostname:

```
sudo cat /var/lib/tor/hidden_service/hostname
# imprimirá algo como: abcde.onion
```

Ahora puedes acceder a tu sitio visitando la dirección `.onion` en el Navegador Tor (escritorio o móvil). La dirección solo se puede resolver a través de Tor.

8.8 Solución de problemas y diagnóstico

- **¿El Navegador Tor no se conecta?** Prueba **Configurar → Usar un puente** y prueba obfs4; revisa tu red por reglas de firewall que bloqueen los puertos 9001 o 9030 (ORPort/DirPort). Revisa los registros de Tor (mira la Configuración de red de Tor o la Consola del navegador).

- **¿Tor está lento?** Tor está diseñado para anonimato, no para velocidad. Úsalo cuando sea necesario; evita reproducir archivos multimedia de gran tamaño.

- **¿Mi servicio onion no se resuelve?** Confirma que `HiddenServiceDir` existe y que Tor se reinició después de los cambios. Busca errores en `/var/log/tor` o con `journalctl -u tor`.

8.9 Notas finales

Tor es una herramienta poderosa cuando se usa correctamente y se combina con una seguridad operativa cuidadosa. Este capítulo te dio el contexto conceptual, pasos prácticos de instalación para las principales plataformas, pasos de configuración para puentes y transportes enchufables, sugerencias para fortalecer el Navegador Tor y una guía básica para un servicio onion.

Para más información y temas avanzados (p. ej., despliegues de Tor personalizados, integrar Tor con otras herramientas de privacidad o ejecutar servicios onion en producción), consulta la documentación y los recursos de la comunidad en el sitio web del Proyecto Tor (https://www.torproject.org).

9 Retransmisión privada vs. VPN y Tor

En este capítulo comparamos Retransmisión privada de iCloud con VPN y Tor y exploramos ejemplos y escenarios prácticos.

9.1 Retransmisión privada vs. VPN

Una VPN cifra *todo* tu tráfico de red y cambia tu ubicación aparente según lo elegido en el servidor VPN. La Retransmisión privada solo cubre Safari. Las VPN requieren confianza en el proveedor (ve tu tráfico y tu IP real). La Retransmisión privada divide la confianza (Apple no conoce el sitio que visitas y el socio CDN no te conoce a ti). Ambas usan cifrado fuerte. Las VPN pueden usar cualquier puerto (a menudo UDP) y funcionan para todas las apps. La Retransmisión privada funciona sobre HTTPS (TCP 443) y solo Safari. Si necesitas una IP de un país específico o quieres que todas las apps estén cubiertas, una VPN es mejor. Si solo quieres privacidad en Safari y confías en la implementación de Apple, la Retransmisión privada es práctica y viene integrada.

9.2 Retransmisión privada vs. Tor

Tor enruta tu tráfico por al menos 3 nodos; oculta muy bien tu IP. La Retransmisión privada solo tiene 2 saltos (Apple y un socio). Tor es más anónimo (sin proveedor central, red de voluntarios, también oculta metadatos), pero suele ser más lento. Usa el Navegador Tor para un anonimato robusto; usa la Retransmisión privada para una privacidad moderada sin la complejidad de Tor. La Retransmisión privada no te anonimiza frente a los sitios web del mismo modo que Tor; simplemente oculta tu IP exacta.

9.3 Tablas comparativas: Retransmisión privada vs. VPN y Tor

9.3.1 Tabla A: Comparación de funciones y UX

Función / Propiedad	Retransmisión privada (iCloud+)	VPN (comercial o autoalojada)
Cobertura (qué tráfico)	Solo Safari (y algunos DNS del sistema)	Todo el dispositivo (todas las apps) cuando está habilitada
Facilidad de uso	Muy fácil (interruptor del sistema)	Fácil con apps; media en configuración manual
Selección de servidor (elegir país)	No (solo a nivel de región)	Sí: muchos proveedores; eliges país de salida
Modelo de confianza	Confianza dividida: Apple + salida de terceros	Proveedor único (debes confiar en el operador)
Riesgo de registros	Reducido por el doble salto; registros	Depende del proveedor y jurisdicción

Función / Propiedad	Retransmisión privada (iCloud+)	VPN (comercial o autoalojada)
	limitados en cada salto	(algunos registran)
Rendimiento (latencia y velocidad)	Baja sobrecarga (rápida para navegar)	Variable: WireGuard rápido; OpenVPN moderado
Coste	Incluida con iCloud+	Gratis (autoalojada) a cuotas de suscripción
Evita bloqueos geográficos	Limitada (sin selección de país)	Sí: selección completa de país/servidor
Funciona en Wi-Fi pública	Sí, para Safari	Sí, para todo el tráfico
Protege contra el registro DNS del ISP	Sí, para DNS de Safari	Sí (si la VPN empuja DNS)
Caso de uso ideal	Privacidad diaria de navegación en Apple	Privacidad total del dispositivo, acceso regional

Función / Propiedad	Tor (Navegador Tor / red Tor)
Cobertura (qué tráfico)	Apps del Navegador Tor (solo tráfico vía Navegador Tor / apps configuradas)

Función / Propiedad	Tor (Navegador Tor / red Tor)
Facilidad de uso	Moderada a compleja (el Navegador Tor es lo más sencillo)
Selección de servidor (elegir país)	Sin control de un nodo de salida específico; se pueden fijar preferencias con riesgo
Modelo de confianza	Relés descentralizados, operados por voluntarios (sin un único operador de confianza)
Riesgo de registros	Bajo en la red oficial de Tor (pero los nodos de salida ven el tráfico de destino)
Rendimiento (latencia y velocidad)	La más lenta (múltiples saltos, relés voluntarios)
Coste	Gratis (red Tor)
Evita bloqueos geográficos	A veces; la geolocalización del nodo de salida puede ayudar, pero es poco fiable para streaming
Funciona en Wi-Fi pública	Sí, pero lenta; y algunas redes bloquean Tor
Protege contra el registro DNS del ISP	Sí (Tor resuelve dentro de la red Tor)
Caso de uso ideal	Alto anonimato, elusión de censura (con costes de velocidad)

9.3.2 Tabla B: Comparación de privacidad / modelo de amenazas

Amenaza / Objetivo	Retransmisión privada	VPN
Ocultar navegación de red local/ISP (Safari)	Sí (diseñada para ello)	Sí (si todo el tráfico va por la VPN)
Evitar que un proveedor central vea quién y qué	Diseñada para ello (doble retransmisor)	No (el proveedor ve origen y destino)
Resistir a un adversario global fuerte (p. ej., estado-nación)	Limitada: protege frente a observadores casuales, no garantiza contra adversarios potentes o control de ambos relés	Depende: el proveedor puede ser obligado; autoalojar reduce algunos riesgos
Proteger todas las apps y vectores de fuga	No: solo Safari	Sí, si la VPN es para todo el dispositivo
Defender contra huellas digitales o rastreo por	Limitada (ocultar IP ayuda)	Limitada (IP ayuda; cookies/huellas siguen)

Amenaza / Objetivo	Retransmisión privada	VPN
inicio de sesión		
Garantía de "sin registros"	Parcial: el doble salto limita datos por operador; depende de cada uno	Variable: según política y auditorías

Amenaza / Objetivo	Tor
Ocultar navegación de red local/ISP (Safari)	Sí (circuitos Tor ocultan el origen)
Evitar que un proveedor central vea quién y qué	Sí (relés distribuidos; nadie ve ambos extremos)
Resistir a un adversario global fuerte (p. ej., estado-nación)	Mejor: la descentralización reduce un único punto, aunque hay ataques de correlación
Proteger todas las apps y vectores de fuga	Solo Navegador Tor o apps configuradas
Defender contra huellas digitales o rastreo por inicio de sesión	Mejor con las medidas anti-huella del Navegador Tor
Garantía de "sin registros"	Alta: sin registros centrales (pero salidas ven contenido si no va cifrado)

9.4 Ejemplos prácticos y escenarios

Escenario 1: Usuario cotidiano en una red Wi-Fi pública

- Objetivo: Evitar que el operador del Wi-Fi del café o un fisgón del punto de acceso vea los sitios web exactos visitados en Safari.

- Recomendado: Activar la **Retransmisión privada de iCloud** (simple, automática). Si necesitas proteger todas las apps, usa en su lugar una VPN de confianza o autoalojada.

Escenario 2: Necesitas acceder a contenido de streaming bloqueado por región

- Objetivo: Hacer que un servicio crea que estás en otro país.

- Recomendado: Usar una VPN con un servidor en el país de destino (la Retransmisión privada no permite elegir una salida a nivel de país; solo ofrece opciones limitadas por región).

Escenario 3: Periodistas/activistas que requieren anonimato robusto

- Objetivo: Alto anonimato y resistencia frente a adversarios poderosos.

- Recomendado: Usar el **Navegador Tor** y seguir las pautas avanzadas de seguridad operativa de Tor (evitar iniciar sesión en cuentas personales, evitar complementos que puedan desanonimizarte, etcétera).

En resumen, debes elegir la herramienta adecuada para tus objetivos:

- Para la privacidad diaria de Safari en dispositivos Apple: la Retransmisión privada es una excelente opción.

- Para cobertura de todo el dispositivo (todas las apps), selección geográfica del servidor o necesidades de streaming: usa una VPN.

- Para anonimato robusto y elusión de la censura: usa Tor (con una seguridad operativa cuidadosa).

10 Inteligencia artificial (IA) y privacidad

A medida que proliferan las funciones de inteligencia artificial (IA), también debemos considerar la privacidad en ese contexto. Muchas aplicaciones modernas integran IA (asistentes de voz, IA generativa, inteligencia en el dispositivo). En este capítulo, abordamos principios y ejemplos importantes.

10.1 IA en el dispositivo vs. IA en la nube

Una distinción clave es si el procesamiento de IA ocurre *en el dispositivo* o en la nube. La **IA en el dispositivo** significa que tus datos no salen de tu hardware: solo los resultados (o datos muy limitados) se envían a otro lugar. Apple defiende este enfoque: su Apple Intelligence (Siri, reconocimiento de imágenes, etcétera) se ejecuta en el dispositivo por defecto. Para tareas complejas, usan un "Private Cloud Compute" que envía solo los datos mínimos necesarios y, supuestamente, no almacena tu información personal.

Samsung mantiene una postura similar con su Galaxy AI (en teléfonos Galaxy más recientes). Promocionan herramientas en el dispositivo, como Live Translate, Audio Eraser, etcétera, que mantienen las "entradas... dentro de los límites de tu teléfono". Incluso para funciones basadas en la nube, Samsung afirma que no almacena datos a largo plazo ni los usa para entrenamiento: "los datos personales nunca se almacenan a largo plazo ni se utilizan para entrenamiento de

IA". Permiten a los usuarios desactivar el procesamiento en línea si lo desean. En 2023, Google también anunció transcripción en el dispositivo en teléfonos Pixel.

En resumen, existe una tendencia: los dispositivos más nuevos buscan hacer más IA localmente o, al menos, minimizar lo que se envía a la nube. Como usuarios, podemos preferir funciones de IA en el dispositivo frente a IA en la nube para aumentar la privacidad.

10.2 Herramientas de IA generativa

Al usar herramientas de IA generativa como ChatGPT y Bard, los usuarios deben tener cuidado:

- **Retención de datos:** Muchos servicios de chatbots registran tus indicaciones y respuestas con fines de calidad/entrenamiento, a menos que lo desactives. Por ejemplo, OpenAI afirma que los usuarios pueden *optar por no permitir* que sus datos se usen para entrenamiento y pueden eliminar conversaciones por completo. Revisa siempre "Controles de datos" en la app (p. ej., en la configuración de ChatGPT).

- **Modo privado:** Algunas apps o extensiones ofrecen un modo "incógnito". Por ejemplo, el chat Duck.ai de DuckDuckGo se ejecuta tras bambalinas y no registra consultas para entrenamiento, almacenando las conversaciones solo en tu dispositivo. Subraya una IA opcional y privada: "las funciones de IA son opcionales y se pueden desactivar". Si la privacidad es crítica, usa herramientas de este tipo o chats con "proxy anónimo", como Duck.ai.

- **LLM locales:** Recientemente, modelos de IA como GPT-4o de OpenAI, y Llama, de Meta, pueden ejecutarse en modo ligero en el dispositivo. Son campos en evolución. La ventaja es que tus datos nunca salen del dispositivo.

- **Consejo general:** No pegues información sensible en chats de IA. Usa siempre HTTPS y, si está disponible, aislamiento del navegador. Algunos servicios (como Google Workspace) ofrecen garantías de privacidad de que los datos empresariales no se usan para entrenar modelos, lo que puede ayudar en ciertos casos.

10.3 IA en dispositivos inteligentes y asistentes de voz

Los dispositivos inteligentes y asistentes de voz (p. ej., Alexa, Google Assistant, Siri) plantean preocupaciones de privacidad:

- **Búferes de palabra de activación:** Algunos asistentes graban de forma continua y solo envían datos después de detectar la "palabra de activación". Otros almacenan temporalmente todo el audio en un búfer. Es importante saber cuánto tiempo se guardan los datos.

- **Revisar grabaciones:** Normalmente puedes revisar y eliminar grabaciones de voz en tu cuenta (Amazon, Google, Apple) como práctica de privacidad.

- **En el dispositivo vs. en la nube:** Las mejoras recientes de Siri y Google han trasladado más reconocimiento al dispositivo, reduciendo la cantidad de audio enviada. Comprueba si tu dispositivo tiene una opción de "reconocimiento de voz en el dispositivo" (p. ej., el dictado del Pixel Recorder es en el dispositivo por defecto).

- **Alexa y Ring:** Si usas dispositivos de Amazon, recuerda que Alexa puede almacenar transcripciones. Asegúrate de depurar el historial de voz con regularidad.

- **Modos de privacidad:** Muchos asistentes permiten desactivar la escucha permanente (p. ej., pulsar un botón para apagar el micrófono o decir "Alexa, apaga el micrófono").

En resumen, trata a los asistentes de IA como cualquier otro dispositivo siempre activo: minimiza la exposición desactivándolos cuando no sean necesarios y usa funciones seguras (en el dispositivo) cuando sea posible.

11 Mirando hacia adelante: privacidad basada en IA: defensas inteligentes

De cara al futuro, la inteligencia artificial (IA) puede mejorar significativamente tu privacidad en línea cuando se integra con tecnologías como las redes privadas virtuales (VPN). Por ejemplo, la IA puede hacer que las VPN sean más inteligentes, adaptables y proactivas. No solo protege tu IP: analiza amenazas, adapta protecciones y te ayuda a tomar decisiones informadas sobre tu seguridad digital.

A continuación, se describen varios mecanismos clave mediante los cuales la IA puede trabajar con VPN y otras herramientas para mejorar la privacidad.

11.1 Selección inteligente de servidores y optimización del tráfico

Las VPN tradicionales enrutan tu tráfico a través de un servidor fijo o de una ubicación elegida manualmente. La IA va más allá al:

- **Analizar latencia y carga en tiempo real**: Un modelo de IA supervisa los tiempos de respuesta del servidor, el uso actual de ancho de banda y las estadísticas de pérdida de paquetes en cientos de endpoints. Al conectarte, el sistema elige el servidor "óptimo" que ofrece cifrado fuerte y la menor ralentización.

- **Equilibrio de carga dinámico**: Si el nodo de salida elegido empieza a experimentar congestión o picos inusuales de tráfico, la IA puede cambiar instantáneamente tu conexión a un nodo más saludable sin que lo notes, manteniendo tanto la velocidad como la privacidad.

Por qué importa:

Conexiones más rápidas y fiables reducen la tentación de desactivar la VPN. Los ajustes continuos de la IA desincentivan el "ping-pong de VPN" (desconectar y reconectar a otro servidor) o desactivar el cifrado por completo, conductas comunes que degradan la privacidad.

11.2 Detección de anomalías y amenazas en tiempo real

Incluso cuando tu tráfico está cifrado, endpoints o solicitudes DNS pueden filtrar información. La IA mejora la detección de actividad sospechosa mediante:

- **Análisis de tráfico basado en perfiles**: Modelos de aprendizaje automático "aprenden" tus patrones típicos: horas del día en que haces streaming, sitios que visitas, protocolos que usas (p. ej., HTTPS vs. HTTP sin cifrar). Si aparece una búsqueda DNS repentina e inexplicable o un patrón extraño de paquetes IP, la IA lo marca.

- **Listas de bloqueo automáticas y sistemas de reputación**: Los sistemas de IA ingieren continuamente información sobre amenazas (IP maliciosas, dominios de phishing, servidores C&C de malware). Cruzan referencias con tus solicitudes salientes en tiempo real; si tu dispositivo intenta contactar un dominio en la lista de bloqueo, el cliente VPN puede rechazar o redirigir automáticamente esa consulta DNS.

Por qué importa:

Muchas fugas de privacidad no provienen de tu ubicación física: provienen de "llamadas invisibles" que el navegador o apps hacen en segundo plano. La IA ve esas señales "ruidosas" más rápido que un firewall estático basado en reglas, evitando fugas de datos o que se cuelen cookies de rastreo.

11.3 Fuerza de cifrado adaptativa

La mayoría de las VPN usan un único cifrado por defecto (p. ej., AES-256). La IA permite **cifrado contextual** al:

- **Evaluar el entorno de red** (Wi-Fi pública vs. red doméstica vs. red de trabajo).

- **Evaluar niveles de amenaza en tiempo real** (por ejemplo, si el usuario accede a sitios financieros o plataformas sensibles).

- **Modular la suite de cifrado**:

  - En el Wi-Fi de una cafetería, la IA podría imponer AES-256 con hash SHA-512 y una clave efímera nueva en cada sesión.

  - En casa —donde el router es conocido y la seguridad del hardware es alta— la IA podría permitir AES-128 para reducir uso de CPU y ahorrar batería en móviles.

Obtienes máxima privacidad cuando más importa y un rendimiento razonable con menor riesgo. Los clientes VPN estáticos no pueden hacer estas compensaciones en tiempo real: o ejecutas cifrado máximo siempre (consumiendo batería/CPU) o usas un cifrado más débil para ahorrar recursos.

11.4 "Kill switch" automatizado y reparación de conexión

Un "kill switch" detiene todo el tráfico de internet si el túnel VPN colapsa inesperadamente, evitando una fuga sin cifrar. La IA mejora esto mediante:

- **Predicción de cortes**: Al supervisar la calidad de la señal, el jitter y las tendencias de pérdida de paquetes, un modelo de IA puede anticipar una desconexión (p. ej., estás saliendo del alcance del Wi-Fi). El cliente puede cambiar proactivamente a la siguiente mejor red (datos móviles, otro Wi-Fi) sin exponer tu IP real.

- **Recuperación instantánea**: Si ocurre una caída, la IA coordina una mini "renegociación" de parámetros de cifrado y reabre rápidamente un túnel seguro, a menudo más rápido de lo que una persona notaría.

Por qué importa:
Incluso unos segundos de inactividad pueden exponer tu IP o DNS reales. La supervisión proactiva de la IA ayuda a que permanezcas detrás de un túnel cifrado el 100 % del tiempo.

11.5 Ajustes preestablecidos de privacidad personalizados

La IA puede aprender tus hábitos —los sitios web que visitas, las aplicaciones que usas, las horas del día en que trabajas, etcétera— y luego:

- **Habilitar o deshabilitar automáticamente la VPN** para aplicaciones o dominios específicos.

  - Cuando abres tu app bancaria, la VPN se activa obligatoriamente.

  - Cuando ves un vídeo con restricciones geográficas, selecciona automáticamente un servidor en el país correcto.

- **Bloqueo adaptativo de anuncios y rastreadores**.

  - Si visitas con frecuencia sitios de noticias que incorporan decenas de rastreadores de terceros, la IA puede comparar esas llamadas de dominio con una lista de privacidad seleccionada y bloquear de forma selectiva los rastreadores en la capa DNS o HTTP.

- **Sugerencias para mejorar tu puntuación de privacidad**.

  - Podrías recibir un "Informe de privacidad" semanal que diga: "Accediste a 7 nuevos rastreadores de terceros esta semana; considera activar el 'bloqueo agresivo de rastreadores' cuando visites estos dominios".

Por qué importa:

En lugar de obligarte a memorizar docenas de ajustes e interruptores, la IA "se encarga" de la complejidad. Tú solo eliges un nivel amplio de privacidad (p. ej., "Trabajo", "Streaming", "Finanzas") y el sistema se configura solo.

11.6 Privacidad de DNS basada en aprendizaje automático

Incluso con una VPN, las fugas de DNS pueden revelar qué sitios web estás visitando. La IA mejora la privacidad del DNS mediante:

- **Enrutamiento cifrado de consultas DNS** (DNS sobre HTTPS/TLS), donde la IA elige dinámicamente el resolvedor más rápido y seguro.

- **Precarga predictiva**: al observar tu comportamiento —"cada mañana a las 8:00 consultas example-bank.com"— la IA puede precargar entradas DNS por adelantado a través de un canal cifrado, reduciendo la latencia sin intervenir en tu navegación real.

- **Respaldo inteligente**: si el resolvedor cifrado principal deja de funcionar, la IA cambia al instante a un resolvedor cifrado secundario (p. ej., de 1.1.1.1 de Cloudflare a 8.8.8.8 de Google sobre DoT) sin un "fallo abierto" sin cifrar.

Por qué importa:

El DNS cifrado no solo sirve para ocultar "qué dominios" consultas; también ayuda a evitar que tus solicitudes de DNS se registren o se vendan. La supervisión continua de la IA sobre el estado de los resolvedores reduce la probabilidad de que "vuelvas" a una consulta sin cifrar.

11.7 Inteligencia de amenazas y listas de bloqueo basadas en IA

Los proveedores de VPN se suscriben cada vez más a feeds globales de inteligencia de amenazas: listas actualizadas continuamente de:

- Rangos de IP maliciosos (botnets, distribuidores de spam)

- Dominios de phishing o malware recién registrados

- Servidores conocidos de "toma de huellas digitales" o "rastreo"

La IA ingiere estos feeds en tiempo real, los correlaciona con cualquier telemetría local (intentos de conexión fallidos, certificados SSL de aspecto sospechoso) y bloquea o pone en cuarentena endpoints sospechosos:

- **Sumidero DNS local**: si una app intenta conectarse a un dominio de rastreo conocido, la IA puede reescribir esa solicitud DNS a `0.0.0.0`, anulando efectivamente el enrutamiento.

- **Advertencia proactiva**: cuando intentas visitar un sitio incluido en la base de datos de phishing, la IA podría alertarte con un cuadro de diálogo "Advertencia: sitio sospechoso—¿continuar?" antes de cargarlo.

Por qué importa:
Las listas de bloqueo estáticas se vuelven obsoletas en cuestión de días. La IA selecciona, depura y prioriza continuamente las entradas que más te importan, reduciendo falsos positivos y evitando que dominios realmente maliciosos se cuelen.

11.8 Fortalecimiento de la huella dactilar de comportamiento

Incluso detrás de una VPN, los sitios web pueden reconstruir una "huella" del navegador (tamaño de pantalla, versión del sistema operativo, fuentes instaladas, etcétera) para rastrearte. La IA puede ayudar así:

- **Detectar scripts que recolectan huellas digitales**: modelos de aprendizaje automático analizan el JavaScript de un sitio al vuelo. Si reconocen patrones usados para *identificación de huellas digitales* o enumeración de fuentes, bloquean o aíslan esos scripts.

- **Inyección de ruido**: cuando bloquear no es posible, la IA inyecta "ruido" sutil y aleatorio en la huella. Por ejemplo, puede ajustar ligeramente la zona horaria reportada o aleatorizar la salida del canvas: lo suficiente para romper la consistencia de la huella, pero no tanto como para romper la funcionalidad del sitio.

Por qué importa:
Una VPN oculta tu dirección IP, pero la toma de huellas digitales puede vincular varias sesiones de todos modos. La detección y mitigación en tiempo real de recolectores de huellas digitales por parte de la IA cierra esa brecha.

11.9 Auditoría y generación continua de informes de privacidad

Por último, la IA puede generar "auditorías de privacidad" continuas en segundo plano:

- **Informes de detección de fugas**: cada semana, un script de IA comprueba si tu IP o tu DNS se han "filtrado" alguna vez comparando registros de servicios externos de auditoría.

- **Resúmenes de uso**: "Pasaste 5 horas viendo vídeo en streaming esta semana. Detectamos 12 rastreadores diferentes en el sitio de streaming; ¿quieres activar un bloqueo de rastreadores más agresivo la próxima vez?".

- **Puntuación de privacidad**: según tus comportamientos (p. ej., con qué frecuencia cambias de red, cuántos rastreadores de terceros encuentras, cuántas veces tu VPN se desconectó inesperadamente), la IA te asigna una "Puntuación de privacidad" sobre 100. Con el tiempo, recomienda cambios específicos (p. ej., "Cambia tu VPN al modo 'siempre activa' en el móvil" o "Actualiza a un servicio DNS con filtrado de malware basado en IA").

Por qué importa:

La mayoría de las personas no perciben fugas sutiles de información personal. El análisis continuo de la IA y los informes fáciles de digerir educan a los usuarios y los animan a adoptar mejores hábitos, logrando mejoras duraderas en su postura de privacidad.

11.10 Notas de cierre

Mirando hacia el futuro, al combinar las fortalezas principales de una VPN (ocultar la IP, túneles cifrados) con la inteligencia adaptativa y en tiempo real de la IA, puedes obtener una solución de privacidad que:

- **Se adelanta a amenazas emergentes** (dominios de phishing de día cero, nuevas técnicas de captura de huellas digitales).

- **Optimiza rendimiento vs. seguridad** (cifrado más fuerte solo cuando hace falta).

- **Reduce la configuración manual** (ajustes preestablecidos personalizados y automatizados).

- **Bloquea rastreadores ocultos** (bloqueo adaptativo por DNS, detección de scripts).

- **Garantiza protección continua** (kill switches inteligentes, conmutación por error automática del servidor).

En esencia, la IA podría transformar una VPN o una tecnología similar de "túnel" estático en un guardián de privacidad proactivo y autoadaptable: uno que aprende de tus hábitos, reacciona a amenazas emergentes y se optimiza sin intervención constante del usuario. El resultado es una experiencia de privacidad fluida y de alta confianza, mucho más robusta de lo que una VPN o la IA por sí solas podrían ofrecer.

Conclusión: construir tu caja de herramientas de privacidad en la era de la IA

En este libro, hemos explorado la **amplitud de las herramientas modernas de privacidad**:

- **Cifrado (VPN, Tor, DNS cifrado)** para proteger tu tráfico de escuchas y ocultar tu identidad.

- **Anonimización (Tor, Retransmisión privada de iCloud)** para evitar que te vinculen con tus acciones.

- **Controles locales (navegador, ajustes del sistema operativo)** para limitar la recopilación de datos en tu propio dispositivo.

- **Elección de servicios (proveedores de DNS, motores de búsqueda, herramientas de IA)** que respetan la privacidad por política o por diseño.

- **Privacidad basada en IA con defensas inteligentes** para una experiencia fluida, robusta y de alta confianza.

Ninguna solución única "resuelve" la privacidad, pero al combinar capas puedes protegerte en muchos escenarios. Por ejemplo, una combinación habitual: usar una VPN o la Retransmisión privada para anonimato de IP; habilitar DNS cifrado o DNSCrypt para ocultar consultas; navegar con un navegador reforzado (Firefox con uBlock Origin o contenedores, o Safari con Prevención de Rastreo Inteligente (ITP)); y limitar permisos de apps a nivel del sistema operativo. Esto cubre las capas de red, aplicación y sistema operativo. Combina además estas capas con privacidad basada en IA con defensas inteligentes para una experiencia más fluida.

A medida que evoluciona la tecnología (5G, IoT, nuevas funciones de IA), el panorama de la privacidad cambia. Mantente informado: nuevas versiones de sistemas operativos y dispositivos suelen añadir funciones de privacidad (p. ej., Android Privacy Sandbox, modo Bloqueo en iOS). Los principios se mantienen: **minimiza los datos compartidos** y **cifra lo que puedas**.

Recuerda: la privacidad es un proceso continuo, no una configuración de una sola vez. Revisa tus herramientas periódicamente, actualiza el software y adáptate a nuevas amenazas (p. ej., si Apple cambia la manera en que funciona la Retransmisión privada o si aparece un nuevo esquema de rastreo en navegadores). Tu esfuerzo vale la pena para mantener tu vida digital segura y privada.

Mantente a salvo, mantén tu privacidad y toma el control de tu mundo en línea.

Acerca del autor

Lin Song, PhD, es un ingeniero de software y desarrollador de código abierto. Creó y sigue manteniendo en la actualidad los proyectos Setup IPsec VPN en GitHub desde 2014, los cuales permiten configurar un servidor de VPN en solo unos minutos. Los proyectos tienen más de 20.000 estrellas en GitHub y más de 30 millones de pulls de Docker, y han ayudado a millones de usuarios a configurar sus propios servidores de VPN.

Conéctate con Lin Song
Amazon: https://amazon.com/author/linsong
GitHub: https://github.com/hwdsl2
LinkedIn: https://www.linkedin.com/in/linsongui

¡Gracias por leer! Espero que aproveches al máximo la lectura de este libro. Si el mismo te resultó útil, te agradecería mucho que dejaras una calificación o publicaras una breve reseña.

Gracias,
Lin Song
Autor